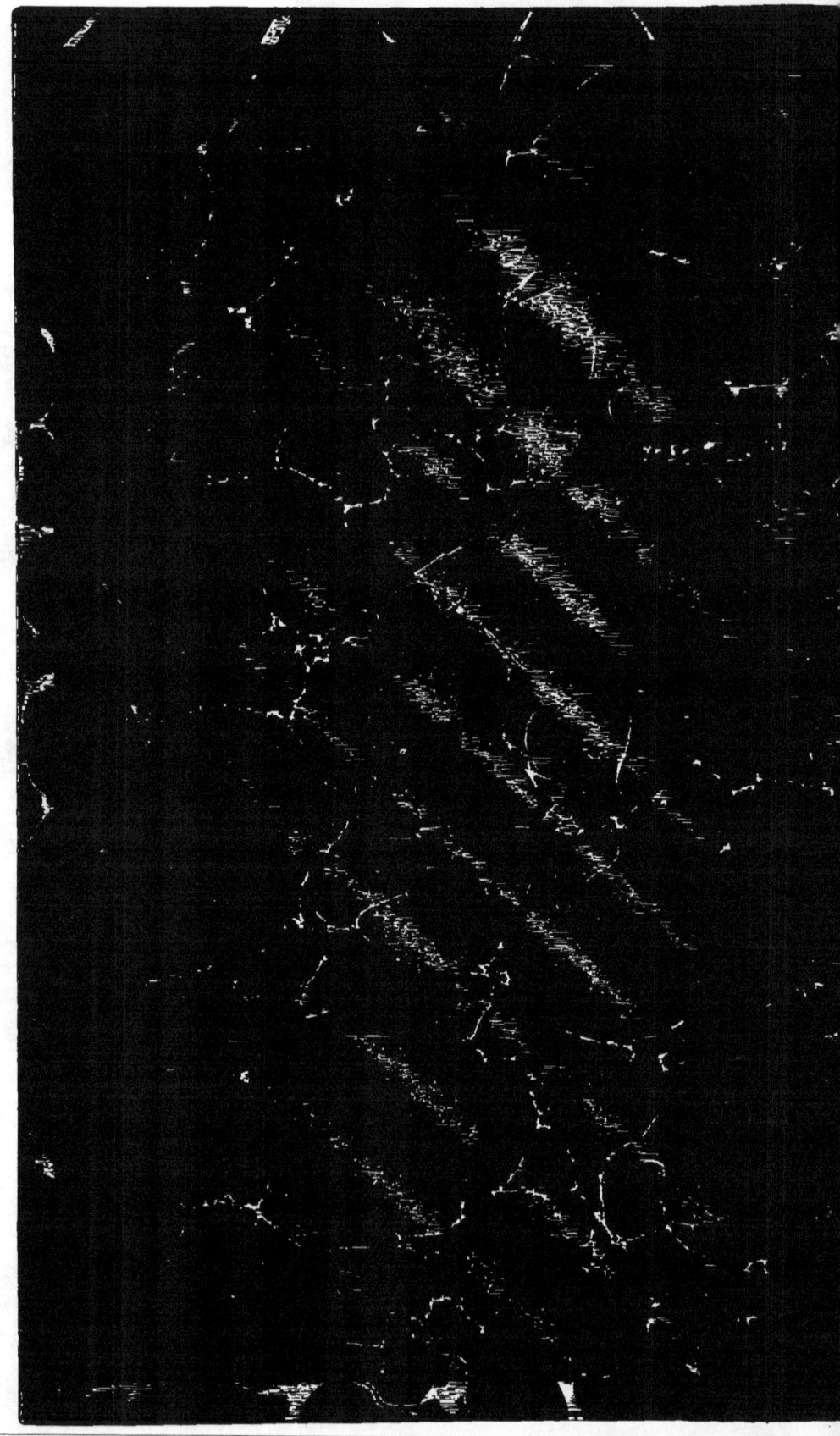

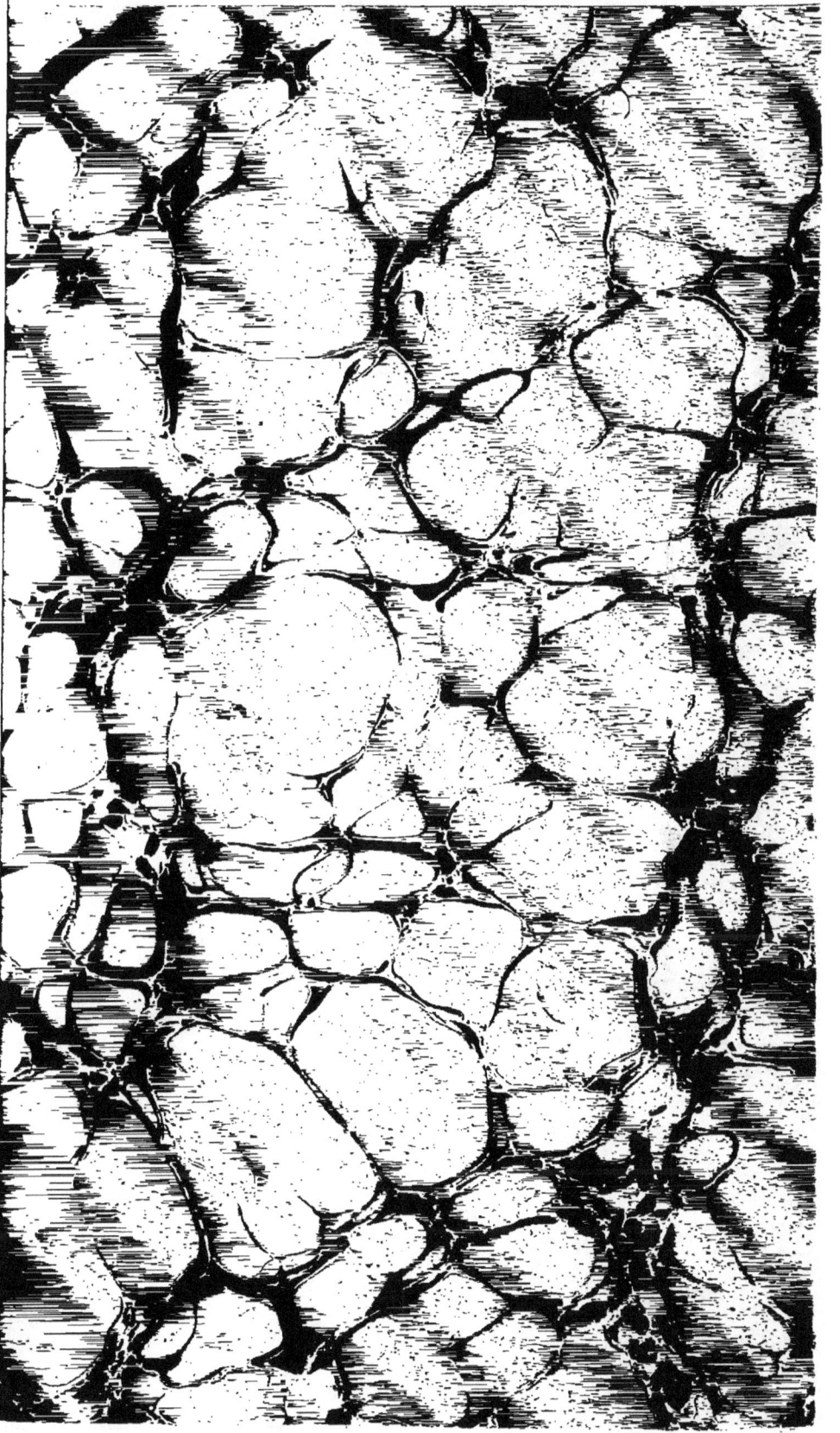

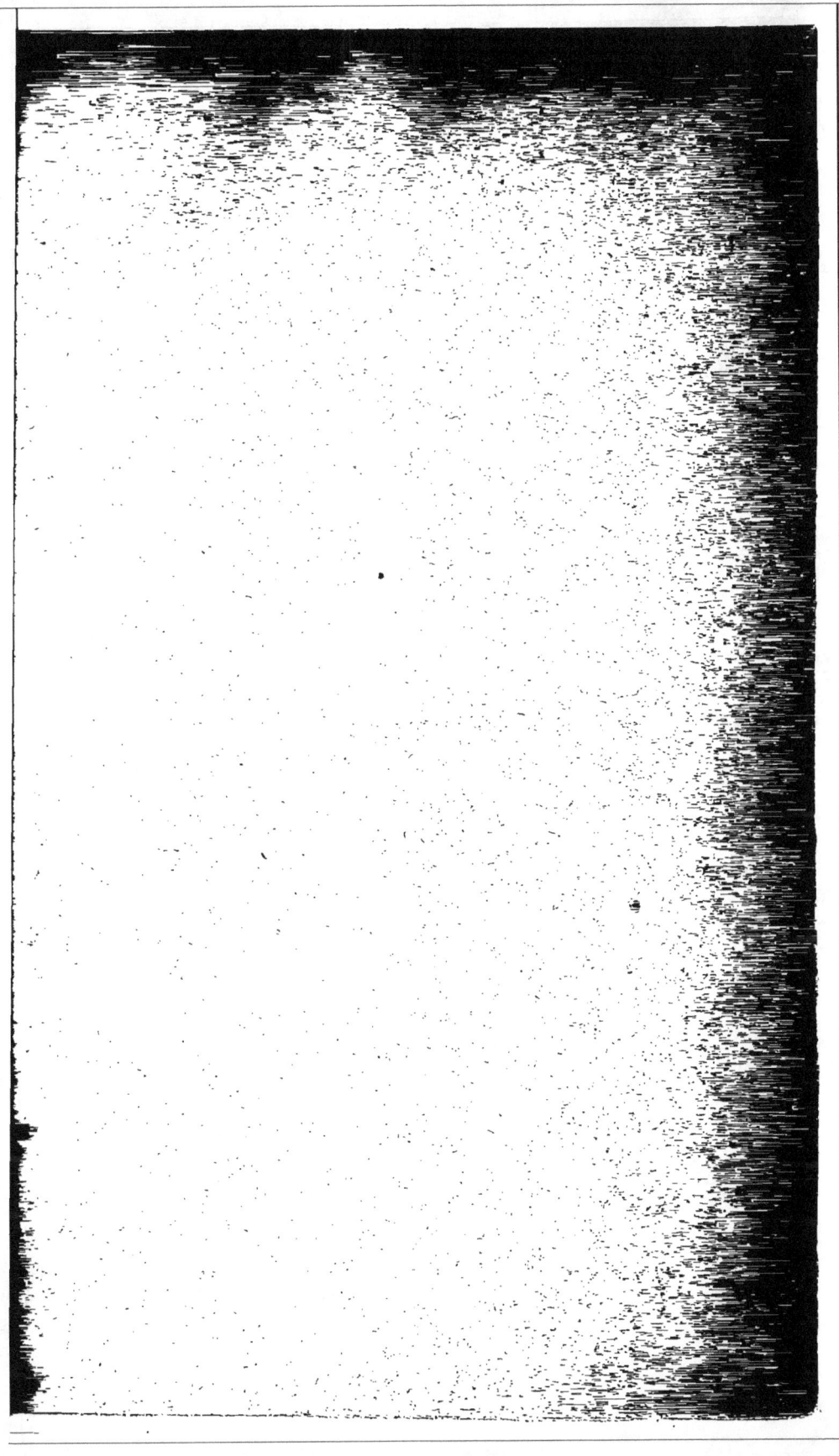

LE

SIÉGE DE PARIS

EN 885

PAR

HYPPOLITE DE MOYNIER

PARIS
D. GIRAUD ET J. DAGNEAU, LIBRAIRES-ÉDITEURS
18, RUE GUÉNÉGAUD (ANCIEN 24)

1851

LE SIÉGE DE PARIS

EN 885

Imprimerie de Gustave GRATIOT, 11, rue de la Monnaie.

LE
SIÉGE DE PARIS
EN 885

PAR

HYPPOLITE DE MOYNIER

PARIS
D. GIRAUD ET J. DAGNEAU, LIBRAIRES-ÉDITEURS
48, RUE GUÉNÉGAUD (ANCIEN 24)
—
1851

PRÉFACE

Il est des analogies frappantes entre certaines époques de notre histoire.

Que d'exemples de cette vérité depuis les deux premières races jusqu'à nos plus récents souvenirs !

Les successeurs de Charlemagne, comme les descendants de Clovis, virent à peu près les mêmes passions s'agiter autour de leur trône mal affermi, et deux peuples belliqueux et idolâtres envahirent la Gaule aux jours de leur décadence.

Sous les rois fainéants, les intrépides sectateurs de Mahomet ; sous les débiles héritiers de

Louis le Débonnaire, les farouches enfants d'Odin.

Mais, avec le malheur, ces nations barbares nous apportèrent le germe d'un avenir nouveau, plus éclatant, plus fécond.

L'épouvante et le deuil passés, le Midi se colora de cette teinte orientale qui se refléta bientôt dans les arts et dans la poésie : le Nord s'imprégna des mœurs sévères, des sentiments héroïques venus de la Scandinavie, tempérés et rehaussés par le christianisme.

Les Sarrasins ne firent que passer dans les contrées méridionales sous l'épée de Martel et de Charlemagne; mais les Normands, séduits par nos rives fertiles, s'y attachèrent et se lièrent à nous.

Les expéditions d'Odin sont peut-être fabuleuses; les conquêtes de ses descendants sont incontestables! Tandis que les Arabes soumettaient l'Afrique et l'Asie, les Scandinaves, également animés d'un héroïsme fanatique, envahissaient les contrées septentrionales.

Dévorés d'ardeur pour toute sorte de dangers, les Scandinaves s'élancèrent sur les flots, vainquirent les éléments, et, chantant dans la tempête, abordèrent en conquérants l'Écosse, l'Irlande, les Orcades, et jetèrent les fondements de l'empire russe. Au neuvième siècle, ils visitèrent l'Islande et découvrirent le Groënland. Enfin, un an plus tard, si l'on en croit Suhm, ils découvrirent l'Amérique.

Ces hardis pirates avaient la folie du courage. Ils le devaient à leur imagination, exaltée par la nature du sol natal.

La Scandinavie, triste et pittoresque comme ses climats, rendait rêveuses les âmes de ses enfants. Des nuits sublimes, éclairées par les feux du météore, inondant d'une lueur sanglante les forêts de sapins étagés sur les hauteurs, comme les gradins immenses d'un gigantesque amphithéâtre; des jours sombres et les vagues rayons d'un pâle soleil perçant à peine les nuages amoncelés par le vent des tempêtes; des vapeurs aux formes indécises se jouant aux noires pyramides des ifs; la foudre sillonnant la cime des monts, rasant les bruyères des collines stériles et s'abattant avec un bruit terrible, mille fois répété par les échos, sur les flancs pourprés des rochers de granit; puis la mer, la grande mer avec sa voix profonde, gémissant sur les côtes arides, au pied des rochers où croissent le lichen et l'angélique! Puis encore, dans l'éloignement, les hurlements des bêtes féroces, le cri de l'ours, les plaintes incessantes et mystérieuses du vent!

Le spectacle et l'harmonie, tout agrandissait ces âmes impressionnables et fortes, que la civilisation n'avait point calmées, que transportait une foi ardente.

Cette fille du ciel leur parlait le même langage que la nature : « Sois brave, leur disait-elle, sois brave! Le Valhalla ne se gagne qu'à ce prix. » Or, le Valhalla était l'Élysée des Scandinaves; Élysée sanglant où les Vikings prenaient leur rang d'après le nombre des ennemis qu'ils avaient tués sur la terre, et où nul n'entrait s'il n'avait péri de mort violente. Selon l'Edda et l'Hamavaal d'Odin, le palais du Valhalla s'élevait à Asgard, vers l'extrémité méridionale du ciel.

Aux premiers feux du jour, la harpe de Gygur, la céleste bergère, retentit sur la colline et réveille les hôtes heureux du Valhalla.

Ils se couvrent de leur armure, unique bien qu'ils aient voulu conserver d'un autre monde. Bientôt Fialar, le coq rouge, s'envole du palmier d'or où il était perché; son chant joyeux est le signal des combats.

Ils sortent alors de leurs pavillons, merveilleux édifices élevés sur les nuages et dont les coupoles enflammées se perdent dans de lumineuses vapeurs.

Ils traversent cent quarante portes d'airain, et atteignent la lice aux sons éclatants des fanfares; la plaine, dont l'immensité se mêle à de fastueux horizons, se couvre d'une foule héroïque. Odin s'asseoit sous le chêne Ydrasil, tenant à la main la couronne promise au vainqueur.

Les Vikings s'attaquent, se font de larges blessures et s'abreuvent de cette volupté terrible du meurtre, la passion de leur vie. Ils triomphent ou ils meurent en chantant dans leur agonie des hymnes orgueilleux. Au vainqueur, la gloire ! sublime folie du Viking ! Au vaincu, les doigts roses des Valkyries pour panser leurs plaies, et la lyre de Braga pour leur rendre l'immortalité !

Aussi, qu'ils étaient grands ces audacieux Vikings, à qui l'amour de la gloire faisait dire : « Tes parents meurent ; tes troupeaux meurent ; tu mourras toi-même ; mais ce qui ne mourra pas, c'est un bon renom ! »

« Ce bon renom », dit M. Xavier Marmier, dans son *Histoire de l'Islande,* « les Vikings le cherchaient dans toutes les vicissitudes de leur vie de marin et de soldat. Ils aimaient les entreprises téméraires, les luttes sanglantes ; ils souriaient d'un sourire sauvage aux habitations incendiées sur leurs routes, aux cris de leurs victimes, au sang qu'ils avaient fait couler; et quand ils voguaient sur les flots orageux, ils se nommaient eux-mêmes les rois de la mer. »

« O libre mer! s'écrie Frithiof, tu ne con-
« nais point de roi qui t'enchaîne sous ses ca-
« prices de maître. Ton roi, c'est l'homme libre
« qui ne tremble jamais, quelque haut que tu
« roules, agité par la colère, ton sein blanchi
« d'écume. »

« Les plaines bleues réjouissent le héros,
« son navire les sillonne, une pluie de sang
« tombe à l'ombre de ses mâts; mais la se-
« mence y est brillante comme l'acier. On voit
« surgir de leur sein des récoltes de gloire,
« des récoltes d'or. Sois-moi favorable, ô vague
« indomptable! Je veux suivre ta voix. Le tertre
« de mon père s'élève dans une plaine immuable
« et les flots murmurent autour de son vert
« gazon. Mon tertre à moi, sera bleu; l'écume
« le couronnera, et il nagera toujours parmi
« les brouillards et la tempête, attirant tou-

« jours de nouvelles victimes dans l'abîme.
« O toi, qui m'as été donnée pour ma patrie
« dans ma vie ! tu seras mon tombeau, ô libre
« mer ! »

« Tout contribuait à entretenir dans l'âme des Vikings la passion de la gloire et un orgueil exalté. La religion d'Odin promettait le Valhalla à celui qui combattait avec courage. Les Valkyries devaient lui verser dans de grandes coupes le mjod écumant. C'était par l'audace de ses actions qu'il espérait arriver aux joies infinies d'un autre monde ; c'était par là aussi qu'il espérait émouvoir le cœur de la jeune fille ; car les jeunes filles du Nord étaient élevées dans le respect de la vie guerrière ; elles avaient une sorte d'admiration innée pour la gloire des Vikings, et s'estimaient fières d'unir leur main à celle qui portait un glaive illustre. »

Après le courage qui dominait tout dans leur cœur, venaient l'amour et la poésie : celle-ci chantait leurs exploits, l'autre les récompensait.

L'amour au bord des précipices, à l'ombre

des pins entr'ouverts par la foudre, en face de ces sauvages horizons, sous les cieux attristés des contrées hyperboréennes, l'amour était pour les Scandinaves, comme pour toutes les nations celtiques, une douce superstition.

Que d'aventures touchantes la harpe du scalde n'a-t-elle point soupirées qui sont arrivées jusqu'à nous!

Tantôt c'est un amant qui, pour aller chercher sa maîtresse, a trouvé la mort dans la cataracte mugissante, sous la triple chute de Trolbata, dans les gouffres de Lobrae ou de Mastrone, ou bien encore parmi les cascades d'Himelkar. Tantôt c'est une amante se couvrant d'une pesante armure pour accompagner celui qu'elle adore. Quelquefois, c'en est une autre attendant, des jours entiers, assise dans les roseaux du fleuve, le retour de son guerrier; et, ne le voyant point revenir, elle dépose sur les sombres plages du golfe Bothnique ou sur le bord du Glomer des pierres où elle grave son nom, puis elle se précipite dans les bras de la mort, au fond de l'eau. Souvent le chasseur fatigué s'est assis sur ces pierres funèbres ; et, d'une main distraite, écartant la mousse et l'anémone blanche, il a pu lire avec attendrissement les doux noms de ces victimes de la fidélité.

Les premiers rois de la Suède, du Danemark et de la Norwége se seraient crus déshonorés en épousant une femme qu'ils n'auraient point ravie ou méritée par une action d'éclat.

Les femmes plus constantes, sous le blême soleil du pôle, joignaient l'héroïsme aux plus austères vertus, les élans les plus passionnés du cœur au souvenir le plus religieux.

La belle Amilda parcourut la Baltique et délivra le roi Alfius ; Nidda, l'amante d'Altimer, ayant un jour rencontré son amant infidèle sur le bord d'un torrent, lui pardonna dans un dernier baiser, chaste et doux, puis s'élança dans l'écume au fond de l'abîme. Le chevreuil du rivage tressaillit, dit-on, en voyant passer une ombre.

Ainsi que l'amour, la poésie dans ces climats

sévères avait des ailes puissantes et une flamme pure au front.

Skjoldbrand dit que, parfois au milieu de ces déserts, on entend un oiseau au chant incomparablement plus doux que celui du rossignol, et dont la mélodie est si plaintive qu'elle rend le souvenir des anciens chagrins, et fait répandre des pleurs involontaires.

Eh bien! c'est la première harmonie de cette poésie grandiose qui, en s'élevant du fond des ravins vers la cime des forêts, et de la cime des forêts aux premiers nuages du ciel, s'enfle sonore, vibrante, puis après, sauvage, énergique, comme le cœur de ces hommes aimants et forts.

Comment peindre ce style hardi, extraordinaire, représentant la nature dans ses transports, inspiré par elle, calqué sur elle?

Bercés par leurs rêves éternels de gloire et d'amour, les Scandinaves n'ayant pour limites à leur mâle liberté que les infranchissables barrières marquant au nom de Dieu la limite de toute force humaine, se laissaient emporter sur les ailes de feu de leur imagination, et de monstrueuses conceptions sublimement exprimées sortaient de leurs cerveaux délirants. Les scaldes aimaient à chanter dans l'orage, inclinés par le vent, sur la pointe des rochers, au-dessus des abîmes, bravant le nain du vertige et la foudre; ou bien, pendant un combat, au sein de la mêlée, les pieds dans le sang sur un monceau de morts, le front rayonnant menacé par les flèches sifflantes.

Comprend-on quelles paroles, quelles images devaient éclater dans leurs chants?

L'exaltation, poussée à ce degré suprême, égale le génie!

Les scaldes destinés à augmenter l'ardeur des combattants, peuvent être considérés comme les pères de la poésie du Nord. Leurs chants étaient conservés, et leurs récits, appelés *sagas*, firent longtemps les délices des rois scandinaves.

La littérature du Nord nous offre deux grandes figures à sa naissance et à son apogée :

OSSIAN, NICANDER.

Ossian, exhalant de mélodieux soupirs et de puissants accords sur les rochers de Morven, perdu dans les nuages et dans la nuit des temps;

Nicander, tout près de nous, dont les derniers chants résonnent encore à notre oreille charmée.

Les invasions scandinaves nous ont apporté dans les arts des beautés trop longtemps méconnues.

M. Leouzon Leduc, dans sa belle traduction du *Glaive Runique*, de Nicander, parle des Scandinaves comme ayant le plus contribué, après leur conversion au christianisme, à la formation de l'architecture gothique, que les Anglais désignent, avec bien plus de justesse, sous le nom d'*architecture normande*.

Il nous prouve que si les Goths d'Asie l'eussent importée en Europe, comme on l'a prétendu, et où ils n'ont laissé au contraire que des traces de dévastation, elle y eût existé au XIIme

siècle, tandis qu'elle n'y apparut qu'après l'invasion des Scandinaves, lorsque, devenus chrétiens, ils réédifièrent les temples qu'ils avaient saccagés.

« D'abord, dit-il, copistes de l'arcade cintrée dont les édifices romans et saxons leur offrent le modèle, les hommes du Nord l'emploient dans toute sa pureté; mais avant de s'établir dans nos contrées, ils avaient visité l'Orient, ils avaient visité Byzance, et ils associèrent bientôt à l'architecture romane l'architecture byzantine, fusion qui semble prétendre à la composition du style ogival. Ils portent ensuite leurs armes en Espagne et en Syrie; ils revoient l'Orient si plein d'attraits pour eux ; l'Orient où leurs ancêtres plaçaient Asgard, le séjour des dieux, et ils modifient de nouveau leurs monuments dans le goût oriental. Séduits par les longs fûts des colonnes mauresques, ils les accolent en faisceaux serrés, entrelacent les arcs à plein cintre, et de ces combinaisons forment l'ogive. »

« L'art architectural du moyen âge est créé. »

« Au milieu de tout ce que cette architecture a emprunté au style méridional, nous y voyons toujours percer et dominer le caractère du Nord. Elle en a dans tout son ensemble la teinte sombre et mélancolique. Constamment attachés à la mère-patrie, les Scandinaves semblent avoir voulu en perpétuer le souvenir, en reproduisant dans leurs édifications la nature gigantesque des contrées hyperboréennes. Dans ces gerbes de colonnes jaillissantes, dans la forme ogivale de ces arceaux élancés, on croit voir l'image des pins altiers de leurs montagnes, la courbure et le croisement des branchages de leurs forêts pyramidales ; dans ces frontons triangulaires, dans ces clochetons aigus qui couronnent les portes et les tours, la reproduction des aiguilles de leurs rochers à pic. »

Puis, dans son style imagé, il rappelle ces ornementations bizarres, ces monstres fantastiques, symboles de l'Odinisme, que les Scandinaves, par un reste de vénération pour leur ancien culte, associaient aux mystères du catholicisme. Il nous peint ces chapiteaux, ces archivoltes fourmillant d'oiseaux de proie, de pommes de pin, de casques, de boucliers, rappelant la Scandinavie, sa nature et ses Vikings; puis ces dragons, ces serpents entrelacés, pareils aux sortes de vignettes entourant les inscriptions runiques; enfin, ces moulures, ces torsades d'un goût analogue aux sculptures qui se remarquent encore sur les meubles anciens de plusieurs cantons reculés du Nord, et semblent offrir le germe des découpures légères qui distinguent la sculpture architecturale dans les siècles suivants.

Il termine ainsi :

« L'étude du Nord, qui intéresse l'histoire de la France entière, a été trop longtemps négligée parmi nous. Elle peut contribuer à éclaircir beaucoup de questions encore obscures dans nos annales. Ce n'est que là qu'on pourrait trouver la clef de tant de monuments dont nous n'avons encore pénétré ni le caractère, ni la destination, ni l'origine. Cette exploration, faite avec le temps, et la sagacité nécessaires, remplirait un vide immense ; elle amènerait des comparaisons qui ont souvent échappé aux antiquaires du Nord eux-mêmes, et concourrait à agrandir la sphère étroite dans laquelle l'archéologie a été jusqu'ici renfermée. »

La poésie devrait aussi aux Scandinaves une source inépuisable de beautés, si elle daignait s'inspirer de leurs sagas.

Peut-être alors deviendrait-elle moins personnelle, moins raisonneuse, moins sceptique et plus large dans ses conceptions, plus spontanée, plus naïve.

L'anatomie du moi, la poésie lyrique enfin, ce titre le plus éclatant de gloire littéraire que notre siècle puisse invoquer, désillusionne le cœur à la longue et nous fait vieux avant le temps. Les sujets primitifs peuvent seuls nous rendre l'entraînement des premiers âges. Il est temps de quitter un peu des sphères que tant de lyres illustres ont remplies d'harmonies ; il est bon de fuir aussi quelquefois le monde, où l'élément démocratique a fourni à notre époque des tableaux si saisissants et si variés, des émotions si profondes, mais si douloureuses.

Étudier l'âme humaine dans ses rapports les plus élevés, poser le drame de la vie sous le reflet des choses célestes, être à la fois psychologique et mystique, historique et providentiel, et s'imprégner d'un caractère d'universalité qui fasse prendre en dédain ou en pitié l'humanité plutôt que l'homme; voilà où peuvent conduire le plus sûrement les sujets épiques, enveloppés dans l'unité d'un dogme.

Sans doute, le lyrisme y percera de temps à autre : qui saurait interdire à son âme un soupir, une plainte? Enfants rêveurs d'une société vieillie, comment ne pas interroger notre cœur quand tout s'écroule autour de nous, et que Dieu ne nous répond plus?

Quant à nous, qui n'avons eu qu'une pensée en écrivant ce petit livre, celle de rappeler un souvenir glorieux pour Paris, pour la France, et à qui peut-être la satisfaction d'être lu n'est pas même réservée, nulle prétention ne nous est venue de montrer d'autres horizons à la littérature, à l'art; cette tâche a été entreprise par d'autres plus dignes; mais c'est avec bonheur que nous avons rencontré sur notre passage les mœurs et les croyances primitives d'un peuple devenu français, dont la gloire est la nôtre, et qui a produit des hommes comme Tancrède et Guillaume le Conquérant.

Non, il faut qu'on le sache bien, ce livre n'a aucune prétention. L'auteur était âgé de seize ans lorsqu'il le rêva et l'écrivit. Dire tout le bonheur qu'il éprouva à mesure qu'il avançait, sans plan arrêté, sans idée fixe, dans cette œuvre de son cœur et du hasard, est impossible. Les événements naissaient selon que le guidait son imagination; il se mettait à la place de ses héros, et, comme il aurait voulu être, il les créait. C'est donc son premier-né, l'enfant de son premier amour, de sa première folie. Depuis, il a voulu mûrir ce fruit d'une sève trop tendre; il a mêlé des larmes d'homme à de mélancoliques sourires d'adolescent, le présent au passé, le passé à l'avenir. Il en est résulté des contrastes qui choqueront les uns et ne déplairont peut-être pas trop aux autres. Comme fond, c'est peu de chose; comme forme, c'est tout ce qu'on voudra.

Ainsi donc, nous le répétons, nous n'avons eu qu'une pensée, pensée inspiratrice au point de vue patriotique et chrétien, mais nullement féconde en grands enseignements.

LE SIÉGE DE PARIS

EN 885

CHAPITRE PREMIER

LA PRÊTRESSE

Charlemagne un jour, en voyant croiser les flottes des Normands, se sentit venir des larmes aux yeux et il s'écria : « Si, malgré toute ma puissance, ces barbares insultent mes frontières, que n'oseront-ils quand je ne serai plus ! » Il avait raison de pleurer sur la France, le grand fondateur. Ce qu'il pressentait arriva. Les Normands profitèrent des démembrements de l'empire par ses faibles descendants, et lorsque Louis et Carloman, ces deux lis tombés avant l'âge, eurent abandonné la France à Charles le Gros, les Scandinaves l'envahirent. Bientôt, sur les rives de la Seine et de la Loire, il n'y eut plus que des ruines et des cadavres, parmi lesquels tombèrent enfin deux suprêmes victimes : Robert *le Fort*, guerrier saxon, et Tertule *le Rustique*, pauvre paysan. Du premier, descendent les Capétiens ; du second, les Plantagenets, « les deux familles du monde chrétien qui ont porté le plus de couronnes [1]. »

Dès lors, rien ne résista plus aux Normands : leurs cruautés s'étendirent au loin. La France ne fut bientôt qu'un vaste désert : plus de villes, plus de soldats ; quelques abbayes, où il semble que le courage, les richesses et l'intelligence se fussent concentrés, résistaient seules, de loin en loin, à ce torrent dévastateur, comme, au sein d'une tempête, parmi les débris d'une flotte engloutie, se débattent quelques rares et derniers vaisseaux. C'est dans ce temps que Paschase Ratbert, qui traduisait les *Lamentations de Jérémie*, interrompit son travail... « Ah ! pourquoi, dit-il, consacrer mes veilles à chanter des maux qui nous sont étrangers ? C'est à la patrie désolée qu'il faut réserver ses soupirs ! » Abbon, le

[1] Théophile Lavallée.

diacre Floré et quelques autres nous ont conservé sur cette époque malheureuse de terribles et intéressants récits.

Ils nous montrent tout ce peuple épouvanté se réfugiant, à l'approche des Scandinaves, dans les monastères et les églises, en criant pour toute prière: *Seigneur, Dieu protecteur, sauvez-nous de la fureur des Normands!* Les cénobites emportant les corps de leurs saints, pour les soustraire à la profanation des pirates, ces impitoyables fils d'Odin, et allant mourir au fond des forêts druidiques qui devaient revoir encore de bien affreuses hécatombes! Souvent, aux pieds du même arbre, venait expirer de lassitude et d'effroi, la religieuse emportant pieusement les cendres de quelque vierge martyre. Alors ce devait être un bien touchant tableau que cette femme et cet homme, que des vœux éternels séparaient l'un de l'autre dans la vie, se réunissant à jamais dans la mort. Puis tous ces miracles qu'ils content dans leur foi naïve : Images sanglantes, armées de feu! *Igneæ acies apparuerunt in cælo circa gallicinium* [1], et les sentiers se couvrant tout à coup de verts gazons et de fleurs à l'approche des

---

[1] Lib. mirac. S. Germ., etc.

saints proscrits et des nonnes effarées, ces vestales du christianisme.

Ces poétiques créations de nos ancêtres jettent à travers cette époque sanglante des tableaux gracieux où l'imagination aime à replier ses ailes.

Mais quand tout fuyait devant les Normands, que la Gaule n'était plus qu'une vaste solitude, Lutèce, dernier espoir de la patrie, bravait et repoussait les barbares.

Au neuvième siècle, Paris était encore, selon l'expression d'un écrivain, la plus petite cité de la Gaule. Les descendants de Charlemagne, tous de race germanique, ne l'habitèrent jamais, et rarement ils le visitèrent ; aussi se trouvait-il depuis longues années réduit à son île, qu'il était encore loin de couvrir en entier. Il ne renfermait d'autre monument que son palais, bâti par Clovis à son extrémité occidentale ; d'épaisses murailles, flanquées de grosses tours également élevées par Clovis, bordaient son enceinte. Deux ponts seulement, défendus par des forteresses, l'attachaient à la terre où il avait semé de nombreuses dépendances. Sur la montagne de Sainte-Geneviève, était un champ-de-Mars et des arènes ; le palais des Thermes, avec ses délicieux jardins, où, dans les bras de leurs courtisanes, *les rois de la première race venaient languir d'amour au milieu des lis et des roses,* s'élevait sur les quartiers Saint-Jacques et Saint-Germain ; un aqueduc superbe dominait la colline méridionale.

Sur la rive droite, quelques gracieuses villas romaines s'étalaient au milieu de modestes champs de repos ; puis venaient l'église Saint-Germain-l'Auxerrois et l'abbaye Saint-Martin-des-Champs ; sur la rive gauche se trouvaient l'église Sainte-Geneviève et l'abbaye Saint-Germain-des-Prés.

Souvent, déjà, des Normands avaient remonté le cours de la Seine en criant : « *Nous venons de la patrie des hommes.* » Et deux fois la Seine épouvantée avait reflété la sanglante lueur de l'incendie qui dévorait les huttes des *Parisis.* A leurs nouvelles apparitions, Lutèce, rebâtie par Clovis, entourée de murailles et de hautes tours, put braver leur rage impuissante.

Mais les Parisiens ne s'étaient pas dissimulé les dangers de l'avenir : sûrs de ce qui les attendait, ils s'étaient préparés à de terribles assauts. La ville était alors commandée par Eudes, duc de France, comte et gouverneur de Paris, et par Robert, son frère, tous deux fils de ce Robert le Fort dont nous avons parlé ; puis par l'évêque Goslin, et Hugues, surnommé *le premier des abbés,* parce qu'il possédait les abbayes de Saint-Germain-de-Tours et de Saint-Germain-l'Auxerrois.

Le 20 novembre de l'an 885, les sentinelles virent blanchir sur la Seine les voiles des pirates. Sept cents nefs s'avançaient, portant quarante mille hommes, commandés par le plus puissant des rois normands, le grand Sigefroi, et quelques autres ses alliés, dont l'histoire ne nous a pas conservé les noms. Ils débarquèrent sur la rive droite, près des toits solitaires où les veneurs de nos rois enfermaient les équipages de la chasse au loup, ce qui faisait appeler ce lieu *Lupara,* d'où est venu le nom de Louvre. Leurs bataillons s'étendaient jusqu'à la vallée de misère [1].

Pendant cinq mois, ils s'acharnèrent inutilement contre les invincibles murailles et les forteresses qui défendaient l'entrée des deux ponts ; ils allaient se retirer, découragés et désespérant de vaincre, lorsque la fonte des neiges, aux approches du printemps, vint grossir la Seine qui, emportant le pont de la

[1] Quai de la Mégisserie.

rive méridionale, sépara de la ville, incapable désormais de la secourir, la petite tour de bois. A sa défense Eudes avait préposé douze nobles, douze glorieux martyrs. Les Normands revinrent ; tous les moyens que leur suggéra leur fureur, ils les employèrent.

Il serait trop long de raconter ici les assauts qu'ils livrèrent, les traits de courage qui brillèrent et s'éteignirent au sein de ces terribles mêlées, où les Parisiens, un contre dix, criaient cependant toujours victoire ! où les cantiques sacrés des prêtres se mêlaient aux chants guerriers des scaldes, comme la prière à la malédiction. Étrange harmonie dominant le fracas des armes et longuement répétée par les échos de la Seine ! C'est à l'histoire qu'il appartient d'évoquer ces glorieux souvenirs qui inondent le passé de la France.

A d'autres cette tâche, ô ma patrie, pour moi je ne sais, je ne puis que t'aimer !

Un soir, après un combat où les Parisiens avaient fait une sortie furieuse, une grande et belle femme, assise sur une tombe écroulée, et s'appuyant sur un glaive souillé jusqu'à la garde, regardait tristement la terre au loin jonchée de morts. Elle tourna la tête vers Paris, et il sembla que ses yeux cherchaient à en pénétrer les murailles ; son costume était celui des prêtresses d'Odin (1). Mais ce n'était pas uniquement le sang des sacrifices qui rougissait sa longue robe blanche ; dans plus d'un endroit elle avait été entamée par le tranchant du fer ; à ses pieds luisaient une cuirasse bosselée et un casque d'or ; son cou de neige, autour duquel ses magnifiques cheveux blonds tombaient en larges tresses, saignait légèrement ; son sein agité se gonflait et s'abaissait sous le lin. Elle avait au plus vingt-cinq ans, et elle était vraiment belle ainsi.

Tout à coup une troupe hurlante de Normands vint l'arracher à ses pensées.

— Prophétesse, prophétesse, s'écrièrent-ils, suis-nous ! suis-nous à ce temple chrétien, là-bas ; c'est sous ses voûtes que nous voulons t'entendre, au nom du grand Odin, assigner le jour où Paris doit se rendre.

La prêtresse obéit, et jetant son glaive sur son casque et sa cuirasse, elle saisit le long sceptre, dont le respect superstitieux avait armé ces femmes singulières (2). La foule, grossie à chaque pas, s'étendit bientôt depuis la porte funeste où s'était rompu naguère le chariot d'or, dont l'infâme Chilpéric avait fait la dot de Rigonte promise au roi Récarède, jusqu'aux murs célèbres de l'abbaye de Saint-Germain qui dominait la plaine du côté du couchant.

Les Scandinaves, frappés d'une terreur secrète à la vue de ces longs corridors, de ces cloîtres sombres et abandonnés, s'arrêtent indécis sur le seuil. La prêtresse s'avance seule sous ces voûtes lugubres; emportée par un premier mouvement, elle va reprocher aux barbares leur superstitieuse crainte, lorsqu'une pensée la fait doucement sourire et regarder le ciel; elle se tourne vers les Normands, et leur montrant un visage glacé d'épouvante, du bout de son sceptre elle écarte des ronces entrelaçant leurs rameaux sur une pierre sépulcrale, et d'une voix qui se perd dans les profondeurs du cloître, elle lit ces mots tracés en caractères runiques :

Ragenaire, chef des Scandinaves, ayant osé pénétrer dans le temple du Seigneur, y fut flagellé par une main invisible, et tomba mort au milieu de ses guerriers qui, en fuyant ces bords miraculeux, lui ont laissé ce monument [1].

[1] Liber mirac. S. Germ.

Les barbares s'enfuirent épouvantés ; la prêtresse resta seule.

— Dieu des chrétiens, s'écria-t-elle, je t'ai consacré la première pensée de mon amour, mais ce n'est pas pour toi, c'est pour lui.

Et ses beaux yeux d'azur foncé se levèrent vers le ciel, et un nouveau sourire plus doux que le premier entr'ouvrit ses lèvres, puis elle sortit avec lenteur et s'achemina vers le camp des Normands.

Arrivée sous sa tente, l'une des plus belles, on ne l'entendit point, comme d'ordinaire, chanter des refrains de victoire et faire résonner ses armes, elle s'assit, soupira et rêva. Tout à coup une voix d'homme la fit tressaillir en lui disant :

— Qu'as-tu, Yolla ?

La prêtresse tourna la tête vers celui qui lui parlait.

— J'ai ce que j'ai toujours, Momar, du bonheur à songer aux émotions du combat fini et à celles du combat prochain ; une pitié profonde me saisit pourtant à la pensée de ces hommes...

— Toi aussi ! toi aussi ! interrompit Momar, en lançant autour de lui des éclairs pour regards ; tu parles comme Sigefroi ?

— Sigefroi?

— Il veut fuir!

— Leur courage est si grand, Momar, qu'une sympathie ardente m'entraîne vers eux.

— Être incomplet que la femme! murmura le Normand. Quand elle sait trop haïr, elle ne sait point aimer! quand elle sait trop aimer, elle ne sait point haïr!

Le plus profond dédain contracta les beaux traits de Yolla. Elle détourna la tête, et se prit à rêver encore. Momar la contempla un instant en silence.

— O Yolla, dit-il, explique-moi ce songe, toi qui parfois lis dans le ciel. Je m'étais endormi à l'ombre des ruines du vieux temple chrétien; soudain m'est apparu un jeune guerrier gaulois, couvert d'une armure brillante; une croix d'argent resplendissait sur sa cuirasse d'acier, bleue comme la mer quand ses eaux sont calmes. Il s'avançait radieux; je me levai pour le défier au combat. Son bouclier, parant le premier coup de mon glaive, réfléta ton image sanglante; un nuage obscurcit ma vue; ta voix me maudit, ton ombre en gémissant se perdit dans le ciel, et un serpent monstrueux m'enveloppa de ses bruyants anneaux. Le jeune Franck, entouré d'un cercle de feu, cria : Victoire! Victoire! Puis, tout s'effaça, et, comme un soir, sur un bloc de granit, dans l'île de Solundar, des runas (3) mystérieuses m'éblouirent; je ne pus en saisir le sens : elles disaient peut-être les destinées du Midgard, le monde des hommes (4).

Yolla allait répondre, lorsqu'un Normand entra et dit quelques mots tout bas à Momar. Le nuage qui couvrait le front du Scandinave s'éclaircit, et se penchant vers Yolla :

— Femme, dit-il, bientôt tu reverras nos rochers, nos torrents, le ciel noir et les pins altiers de nos montagnes, Paris va se rendre. Au revoir, ma Yolla, je t'aime même avec la faiblesse de ton cœur.

Il sortit; Yolla ne l'avait pas entendu.

CHAPITRE II

LES PARISIENS

Quelques mois s'étaient écoulés ; Paris se trouvait réduit à la dernière extrémité ; la famine et la peste le décimaient. C'était à peine si les soldats avaient la force de soutenir le poids de leurs armes ; il fallait que le courage moral suppléât en eux aux forces physiques. Un sentiment ardent remplaçait dans leurs cœurs l'espérance qui les avait abandonnés :
— la haine de l'étranger.

Ils avaient horreur de la servitude, non pas à cause de ses tourments, mais à cause de son ignominie ; ils nourrissaient un vif amour de la liberté, non point tant pour ses douceurs que pour sa fière beauté. Aussi ne tombaient-ils que lorsque le souffle de la vie s'exhalait ; et les Scandinaves eux-mêmes, le peuple qui dans le monde entier savait le mieux mourir, admiraient leurs derniers moments.

Pour comble de malheur, Hugues et Goslin, victimes de leur dévoûment, avaient rendu leurs âmes à Dieu, le peuple se croyait tout à fait abandonné du ciel. Eudes parvint à le relever de son découragement, il le décida à s'assembler pour l'élection d'un nouvel évêque.

Pendant que l'on délibérait, la grande salle basse de la tour de bois du palais était pleine de chefs et de soldats au visage pâle et amaigri; pas un n'était exempt de blessures saignantes encore. Ils formaient des groupes et causaient avec agitation : de l'élection dépendait peut-être le sort de la ville. Trois vastes portiques s'ouvraient sur une place où se tordaient les pestiférés et les affamés; femmes, vieillards, enfants, nus et bleus de froid et de maladie, se roulaient sur la terre humide et sur les morts abandonnés. Une odeur infecte s'élevait de ce tas de chair humaine, et entrait par bouffées dans la salle avec le vent du dehors.

A l'écart étaient réunis les comtes Ebole, Roger et Adelelme, illustres chefs toujours les premiers à l'attaque et les derniers à la retraite. Ebole, le plus habile de tous à tendre un arc et à lancer une flèche, se tourna vers les portiques ouverts et s'écria :

— L'espoir de la nation s'est envolé avec l'âme du grand évêque, l'ange tutélaire de la patrie ne veille plus sur nos murs.

Et en pleurant sur Goslin, Ebole pleurait autant sur l'oncle qui avait été pour lui un père que sur l'ange tutélaire de Paris. Ebole portait les armes de l'évêque défunt, dont le glaive étincelait au soleil des batailles comme sa crosse au pied des sanctuaires, au reflet des cierges ; sur sa poitrine pendait la croix épiscopale de Goslin.

Ainsi vêtu, Ebole représentait à merveille un de ces prêtres guerriers à qui Dieu, pensait-il, pardonnait le sang versé en faveur de leur héroïsme et de la cause sacrée qu'ils défendaient.

— Pauvre peuple ! murmura Roger.
— Pauvre France ! dit Adelelme.
— Oui, pauvre France ! reprit Ebole, tout l'abandonne, Dieu, le monde et son roi ! Charles le Gros, que fais-tu en Germanie à l'heure où tu perds la plus belle part de ton empire ?

— Ah ! dit Adelelme, si l'empereur tarde quelque temps encore, je doute que nous puissions résister aux maux qui nous accablent : les forces du corps s'épuisent à souffrir ainsi, le courage faiblit, l'espoir s'envole.

— Eh bien, nous mourrons ! s'écria Roger, mais nous vendrons cher notre vie ! Déjà nous avons appris aux Normands à redouter nos coups ; ils savent ce que nous sommes et ce que nous pouvons !

— O mon pays ! s'écria Ebole, Dieu ne t'abandonnera pas !

Derrière eux, dans l'ombre, se tenaient debout, silencieuses et rêveuses trois sombres figures. Sur une épée d'une longueur prodigieuse s'appuyait le comte Ragenaire qui venait de défendre le château de Pontoise ; près de lui se trouvaient deux prêtres ; c'étaient Abbon et le diacre Flore ; ils songeaient aux destinées de leur patrie, dont l'un écrivait les malheurs, dont l'autre devait un jour célébrer le triomphe dans ses vers.

Un grand tumulte se fit entendre ; tout le monde se précipita sur la place : Roger suivit la foule ; les deux autres chefs hochèrent tristement la tête, impuissants à retenir des larmes qui coulèrent silencieusement sur leurs joues creuses et se perdirent dans leur barbe touffue. Roger rentra.

— C'est Robert, dit-il.

Presque aussitôt le frère du duc de France, suivi de la foule qui se pressait autour de lui, parut sur le seuil.

— Parisiens! cria-t-il, le peuple a proclamé Anschéric.

Des cris de joie répondirent à cette nouvelle; on y distingua ces mots:

« Vive Anschéric! vive Robert! vive le comte Eudes! »

Robert alors découvrit son front pour y laisser lire un éclair passager d'espérance et d'orgueil, et agitant son casque, il s'écria:

— Et vive la France!

La foule ranimée répéta ce cri avec enthousiasme.

Robert serra affectueusement les mains d'Ebole, de Roger et d'Adelelme, qui l'entraînèrent dans l'endroit retiré où ils causaient avant son arrivée.

— Que pensez-vous de notre sort? lui dit Ebole à demi-voix.

— Un miracle peut nous sauver! répondit Robert; Dieu le fera-t-il? Anschéric, fût-il au-dessus de Goslin, n'aura pas son influence, et le désespoir est dans les cœurs; bientôt peut-être il faudra se nourrir avec les morts pour ne pas mourir.

Ils baissèrent tous la tête avec découragement, et il se fit un long silence.

Un nouveau tumulte plus grand que le premier retentit.

Anschéric entra suivi de son clergé. A ses côtés marchaient le comte de Paris et le duc de Saxe. Le peuple encombra les portiques, saluant de ses acclamations les deux jeunes héros et le digne Anschéric. Ces trois hommes ainsi réunis personnifiaient la force des Parisiens : Anschéric par sa sainteté, Eudes et Henri par leur courage.

Le duc de France, sûr de l'amour de ses frères d'armes et animé d'un juste orgueil, parla de la sorte :

— Parisiens, vous savez si j'ai craint d'exposer ma vie aux heures du danger! Le duc de Saxe m'a vaillamment secondé ce jour où vous avez tant admiré son courage ; ce jour où, presque seuls à travers l'armée des barbares, nous nous sommes frayé un passage jusqu'à ces murs glorieux!

Au souvenir du plus beau fait d'armes, peut-être, de tout le siége qui durait depuis près d'un an, on se pressa autour des deux princes.

— Nous avons sauvé la ville, reprit tristement le duc de France, et plus que jamais les dangers nous enserrent.

Anschéric descendit du trône.

— O Goslin! s'écria-t-il, toi qui avais reçu du ciel le don de persuader et d'enchaîner toutes les âmes, inspire-moi, et fais qu'Anschéric soit, non pour sa gloire, mais pour l'intérêt de son pays, digne de te succéder ici-bas! Enfants de Paris, ne vous laissez point abattre par les revers; un jour viendra où les Normands fuiront ces bords. J'entends déjà la voix de leurs scaldes (5) s'élever dans les cieux et chanter les louanges dues à votre courage. Déjà leurs barques couvrent la Seine et le bruit de leurs rames devient de plus en plus faible. Ils s'éloignent vaincus et découragés. Leurs clameurs se perdent au delà des mers et l'on n'entend plus qu'un écho lointain dont la voix répète :

« Vive Paris! vive la France! »

Le peuple battit des mains et répéta encore ce noble cri, qui, depuis dix siècles, retentit aux heures solennelles des destinées de la patrie.

Eudes étendit les bras comme pour demander le silence.

— O mes nobles compagnons d'armes, écoutez !... Déjà l'espérance renaît au fond de vos âmes : le noble Anschéric commence heureusement sa mission ; gardez bien cette espérance et remerciez Dieu qui vous l'envoie. Priez-le surtout de protéger notre entreprise.

Le silence devint profond ; Eudes poursuivit, en prenant la main du duc de Saxe :

— Déjà l'empereur nous a accordé des secours. Henri de Saxe eut la gloire d'être notre libérateur. Aujourd'hui je veux partager ses dangers et, si Dieu veille sur nous, ses triomphes ! Cette nuit donc, à la faveur des ténèbres, le duc de Saxe et moi, nous traverserons le camp des Normands ; nous nous rendrons auprès de Charles le Gros ; nous implorerons une armée pour sauver le plus beau fleuron de sa couronne impériale, et, avant deux mois, heureux sauveurs de Paris, nous entrerons dans ces murs, non plus en nous glissant dans l'ombre, mais en criant : Victoire ! Vengeance !

L'enthousiasme, longtemps contenu, éclata à ces derniers mots.

Les soldats se jetèrent aux genoux de Eudes et de Henri, et les embrassèrent avec transport. Ebole,

Roger, Adelelme et tous les chefs se pressèrent autour d'eux. Anschéric, étendant les mains comme pour les bénir, s'écria d'une voix tremblante d'émotion :

— Dignes rejetons de races glorieuses, que Dieu vous garde et vous seconde.

Puis il sortit, suivi de la foule des lévites et des soldats; Eudes resta seul avec le duc de Saxe et Robert.

— Ami, dit-il en se tournant vers son frère, dès que les rideaux des portiques se furent abaissés derrière Anschéric : Va préparer ta sœur à la nouvelle de mon prochain départ. Pauvre Clotilde! soupira-t-il, tandis que Robert s'éloignait, et que la joie tumultueuse du peuple s'éteignait dans un murmure.

Puis, s'appuyant familièrement sur l'épaule du duc de Saxe, dont le front rêveur était penché, il dit :

— Henri, qu'est-ce donc qui vous attriste?

— Un remords et un doute, répondit le mélancolique Germain. Le remords, continua-t-il, me vient du meurtre de Godefroid. L'empereur l'ordonnait; oui, mais devais-je me prêter à cette trahison? Oh !

je n'oublierai jamais le suprême regard de cet homme, lorsque le glaive du féroce Everard perça trois fois sa poitrine ; il venait de me tendre une main que je serrais en lui jurant paix et amitié : c'était le signal. Et l'on a donné le nom de ruse à cette lâcheté ! Et les plaines de la Frise m'ont vu m'abreuver de sang normand, et le soir de cette affreuse journée regarder triomphant les débris de l'armée scandinave anéantie par trahison ! Et moi, j'ai eu le triste courage d'étouffer mon remords secret et de me laisser proclamer un héros ! Eudes, noble guerrier dont la gloire est si pure, ne me demandez donc plus ainsi que vous le faites sans cesse pourquoi je suis triste, et ne me plaisantez plus sur le ciel sombre de la Germanie qui rend les âmes semblables à lui. Ce ciel, que j'ai tant aimé, comment oser le regarder maintenant ? Eudes ! Eudes ! s'écria-t-il avec une exaltation douloureuse, c'est moi qui suis la cause de tous les maux de votre patrie ; j'ai attiré sur elle la vengeance exterminatrice des hommes du Nord !

Les yeux du prince se levèrent vers le ciel pleins de foi et de prière.

— Mon Dieu ! dit-il, faites que j'expie le sang

traîtreusement répandu! Sauvez Paris et frappez-moi!

Eudes l'attira sur sa cuirasse, et d'une voix émue tenta de le consoler. Henri de Saxe tomba sur un siége et resta longtemps absorbé. Il tressaillit tout à coup; le comte de Paris se pencha vers lui.

— Henri, dit-il, vous m'avez aussi parlé d'un doute?

Le duc de Saxe releva la tête, et sourit à son ami avec une mélancolie profonde. Eudes fut au devant de sa pensée :

— Henri, noble et valeureux prince, s'écria-t-il, vous aimez ma sœur? Eh bien! si nous revenons heureusement de la mission glorieuse que nous nous sommes imposée, Clotilde est à vous.

Henri lui serra les mains avec effusion.

— Mon ami, mon frère!

— Mais, reprit Eudes, si je vous donne ce que j'ai de plus cher au monde, ma sœur bien aimée, il faut, en retour, que vous me promettiez de garder à jamais au fond de votre âme le secret que je vais vous confier.

— Parlez, et dût ma vie en dépendre, je jure de garder un éternel silence.

— Henri, j'aime et je suis aimé.

— Et quelle femme dans Paris ?

— Pas dans Paris.

— Où donc ?

— Dans le camp des Normands. Oui, mon ami, poursuivit Eudes, sans paraître remarquer l'effet que cette confidence produisait sur Henri, et jugez combien doit être puissant mon amour, puisque, chaque nuit, sous l'armure d'un soldat scandinave, je me glisse jusqu'à sa tente. C'est une grande témérité, n'est-ce pas ? J'y ai songé. Aussi, dans ce moment où ma vie appartient au devoir, j'ai fait taire mon amour ; il y a trois jours que je n'ai vu Yolla.

— Noble comte ! mais comment se fait-il ?...

Eudes, avec un geste particulier, mais plein de grâce, rejeta en arrière sa longue chevelure blonde et s'abandonna au charme de ses pensées.

— Ah ! s'écria-t-il, si comme moi, au milieu d'un combat, vous eussiez vu, sur un cheval blanc à la crinière hérissée, une femme belle comme l'ange du Seigneur, vous n'auriez pu résister à l'admiration qu'elle vous eût inspirée ! Je crus un instant qu'elle était descendue du ciel pour nous sauver de la fureur des Normands. Hélas ! je la vis frapper un des nôtres qui avait osé saisir la bride de son cheval. Je pouvais venger celui qui succombait... une puissance que je ne cherchai point à vaincre m'arrêta; je me crus perdu alors; le glaive de la guerrière brilla sur ma tête... mais sa main aussi à elle est retombée sans courage et ses yeux ont plongé dans les miens avec une expression tellement passionnée que j'ai tressailli! Son cheval était cabré sur un monceau de morts; le vent agitait les plis sanglants de sa robe. La Frigga d'Odin ne pouvait être aussi belle!... Depuis ce jour, Henri, j'ai adoré cette femme..... Et je ne puis la voir qu'en exposant sa vie. Yolla est prêtresse d'Odin, Yolla est l'épouse du roi Momar.

Henri contempla un instant son ami en silence.

— Et, dit-il, c'est à une esclave, à une sorcière du Nord que vous consacrez votre âme?

— Que voulez-vous, reprit Eudes en souriant avec douceur, je me suis abandonné tout entier à un amour dont mon cœur aujourd'hui ne saurait triompher; et puis, Yolla m'apprend des secrets d'où dépend notre salut.

— Eudes, songez que votre vie ne vous appartient pas.

— Henri, l'amour et la patrie se partagent mon dévouement, je vous l'ai dit, tout en parlant d'amour, je surprends des secrets qui nous sauvent ! que de plans habilement conçus par nos ennemis n'ai-je pas déjoués ! que d'espérances funestes j'ai anéanties ! que de surprises fatales j'ai évitées ! Et cela sans me donner d'autre peine que de m'exposer à des dangers ordinaires. C'est une émotion puissante et pleine de charmes, voyez-vous, que de se couvrir d'un déguisement, de frissonner malgré soi parmi ses ennemis abusés, de frôler la mort en courant à l'amour ! Grave enfant de la Germanie, vous ne comprenez pas cela.

Et l'œil étincelant, les lèvres souriantes, le héros parisien ne ressemblait point à ces austères guerriers dont le front assombri ne rayonnait qu'à l'heure du combat.

— Henri, reprit-il, après un court silence, je vous ai confié le secret de mon âme, parce que je crois en vous comme en moi, j'ai espéré que vous ne vous opposeriez pas à mon projet, parce que vous m'aimez comme un frère. Eh bien ! cette nuit, il faut que je m'arrête à la tente de Yolla.

— Quoi, vous voulez...?

— Je veux la revoir encore... dit Eudes en regardant le ciel et en posant une main sur son cœur, ce sera la dernière fois peut-être. Oh ! c'est que vous ne pouvez comprendre combien je l'aime ! et si je venais à mourir sans avoir pressé sa bouche de mes lèvres, j'emporterais un regret amer dans la tombe ; Henri, sur ce que vous avez de plus cher au monde, jurez-moi de ne mettre aucun obstacle à mon dessein, je m'arrêterai seul, vous marcherez toujours, je vous rejoindrai.

Henri redressa son front.

— Dussé-je mourir dans les supplices, dit-il, j'irai où vous irez, je m'arrêterai où vous vous arrêterez. Eudes ! vous m'avez dit de jurer sur ce que j'ai de plus cher en cette vie... Eh bien donc ! j'en fais le serment sur la tête de Clotilde.

Le visage du jeune homme prit une expression d'ineffable tendresse. Eudes le serra contre sa poitrine, et dit :

— Merci, mon noble frère ! Puis levant une main vers le ciel il ajouta : — Courage et confiance !!!

Ils se tinrent enlacés jusqu'au portique du fond, où après une dernière étreinte Henri s'éloigna.

Eudes, comme on le voit, n'était pas un de ces farouches guerriers de la vieille Gaule, n'ayant foi qu'en leur épée, n'ayant de sympathie que pour les combats. Comme Charlemagne, Eudes aimait les lettres, il eût adoré les arts. Il prenait soin de sa personne et surtout de sa chevelure, qui était fort belle ; cette coquetterie des Gaulois était par lui poussée à l'extrême. On remarquait le luxe de ses armes et les splendeurs dont il s'entourait. Mais, depuis les malheurs de sa patrie, Eudes avait renoncé à toutes ces douceurs de la vie qui lui plaisaient tant. Il prouva à ses compagnons que le faste ne nuit point au courage. C'était, du reste, le plus bel homme de son temps, et le type des irrésistibles enfants de la Gaule qui scandalisaient la gravité germaine.

CHAPITRE III

CLOTILDE

C'était une de ces blondes filles des Gaules que les soldats de Jules-César aimaient à voir passer à travers les arbres, et qu'ils ne songeaient à poursuivre que lorsqu'il n'était plus temps de les atteindre, tant l'admiration qu'elles leur inspiraient était puissante, tant leur course était légère.

Clotilde, le front rêveur, accoudée à la fenêtre d'une tourelle, suivait-elle de son vague regard quelqu'une de ces visions aériennes, en songeant aux premières invasions de sa patrie ? Etait-ce de noires légions romaines qu'elle regardait passer entre le ciel et les arbres à l'horizon bleu ? ou bien les bandes tumultueuses de Vercingétorix ?

Peut-être songeait-elle aux brillantes phalanges

de Charlemagne, revenant triomphantes de la conquête du monde, au son des timbales et des clairons.

Elle sourit : les blanches et poétiques ombres d'Emma et d'Eginard lui seraient-elles apparues? Elle frissonne : aurait-elle évoqué dans sa pensée errante les sanglantes figures de Frédégonde et de Brunehaut, traînée toute nue par un coursier sauvage? Ses mains se joignent comme pour une prière : rêve-t-elle à la reine Clotilde, sa patronne, invoquant Dieu pour son époux Clovis? Son front rayonne d'une expression d'orgueil : a-t-elle entrevu le fier Sicambre s'agenouillant aux champs de Tolbiac?

Elle a repris sa première attitude de rêverie, ses souvenirs sont plus lointains ; sans doute pense-elle à ces jours où une peuplade guerrière, échappée de l'Allemagne, cherchant des hasards et une patrie, s'avança sous l'ombre des hauts sapins de la Gaule, cette immense forêt vierge aux profondeurs inconnues! Bientôt montent vers le ciel les chants sacrés des druides mêlés aux chants joyeux des oiseaux. Les cris des victimes immolées sur les autels de Teutatès, de Bellenos et d'Esus, se joignent aux hurlements des loups. La solitude se peuple et le sang rougit ses fleurs; mais aussi ses retraites ignorées vont entendre des serments d'amour, et les échos vibrant d'une harmonie humaine donneront plus de charme au silence. Les eubades et les bardes fournissent des harmonies nouvelles aux voix confuses du désert.

Les yeux de Clotilde suivent avec attendrissement les gracieux contours de la Seine qui ondule dans les campagnes boisées, pareille à une broderie d'argent sur un tapis vert. Elle sourit encore, puis une larme se mêle à son sourire, et, tandis que le sourire s'efface, que la larme se perd, la sœur du duc de France s'éloigne de la fenêtre, va tomber à genoux sur un prie-Dieu, et s'écrie :

— Seigneur! Seigneur! pourquoi faut-il que je l'aime tant?

Clotilde n'avait rêvé que d'amour.

Bientôt elle se releva en soupirant et retourna à la fenêtre.

Pour la première fois elle parut remarquer qu'il se faisait un grand mouvement dans le camp des Normands, sur la rive gauche du fleuve, et elle se souvint enfin que la mort l'entourait.

Elle avait dix-huit ans, Clotilde, et, comme nous

l'avons dit, c'était une blonde fille des Gaules. Ossian l'eût prise pour l'ombre de Malvina. Un scalde l'eût comparée à ces formes vaporeuses qui se jouent parfois au sommet des monts. Le paganisme ne l'eût pas comprise !

Soudain, trois petits coups retentirent à la porte de l'appartement. Clotilde courut ouvrir ; Eudes entra et la pressa sur son cœur.

— O mon frère ! s'écria-t-elle, quoi ! cette nuit tu pars ? tu t'exposes à une mort presque certaine ?

Eudes la baisa au front.

— Clotilde, dit-il, le salut de Paris en dépend. Console-toi, et songe à ton pays.

— Mais, si les Normands te tuent, à quoi t'aura servi ton dévouement ?

— Enfant, s'ils ne me tuent pas et que dans quelques mois je sois le sauveur de ma patrie ! oh ! alors que de gloire ! Si je succombe, quelles belles funérailles ! cet espoir seul ferait désirer la mort.

— Eudes, l'amour de la gloire te ferait tout oublier ici-bas.

— Excepté toi, ma sœur.

Il la regarda un instant, et remarquant les traits fatigués de ce doux visage, il dit :

— Tu souffres, Clotilde ?

— Oh ! oui, répondit-elle.

Une affreuse pensée traversa l'esprit du comte : il se souvint des maux qui s'amoncelaient sur Paris et des deux spectres hideux qui l'enveloppaient de leurs linceuls : la peste et la faim !

— Grâce au moins pour elle, ô mon Dieu ! s'écria-t-il en serrant plus fortement Clotilde sur sa poitrine ; te quitter, oui, c'est affreux ! Oh ! par tes souffrances, juge de celles de ces malheureux ! Pendant mon absence, ne sors pas, entends-tu ? Que personne ne t'approche, le fléau pourrait t'atteindre aussi !

Et entr'ouvrant les rideaux d'une fenêtre donnant sur la place, il découvrit à Clotilde l'affreux spectacle que nous avons dépeint.

— Regarde, reprit-il, regarde se tordre ces infortunés, ils crient miséricorde ! Hélas ! depuis plus d'une année Dieu est sourd.

Clotilde frémit au regard presque de malédiction que son frère jeta vers le ciel, et venant de nouveau s'appuyer sur son cœur :

— Eudes, dit-elle, ne le blasphème pas.

— Tes yeux s'éteignent, Clotilde ?...

En effet, Clotilde chancelait.

— C'est la douleur de te quitter qui abat le reste de mes forces, murmura-t-elle.

Dans ce moment, le peuple qui avait aperçu le gouverneur cria :

« Du pain ! du pain ! »

Eudes se retira de la fenêtre en entraînant Clotilde.

— Entends-tu, sœur ? entends-tu ?

Clotilde avait repris toute son énergie.

— Oui, il faut que tu partes, dit-elle ; la Providence guidera tes pas ; à toute heure je prierai pour toi, pour le duc de Saxe.

Eudes eut un soupçon : le duc aimait Clotilde, sans avoir jamais osé le lui dire à la vérité, mais ne se pouvait-il pas que sa sœur éprouvât pour lui les mêmes sentiments ? Quelques particularités, insignifiantes, prirent tout à coup à ses yeux l'aspect de preuves presque certaines, et, dominé par cette première impression, il s'abandonna dans le fond de son âme à la joie qu'elle lui causait. La jeune fille n'avait cependant rien dit.

— Clotilde, dit Eudes, tu me parlais l'autre jour de Henri de Saxe, de sa gloire, de son courage ; tu dois le regretter aussi ?

— Oh! oui, répondit Clotilde avec abandon, c'est plus qu'un ami! c'est un troisième frère!

Eudes l'observait.

— Tant mieux, dit-il, qu'il en soit ainsi, car il t'aime bien.

— Il te l'a dit?

— Oui.

Clotilde baissa les yeux.

— Oh! mais comme une sœur, n'est-ce pas?

Eudes, toujours sous l'influence de sa première idée, baisa sa sœur au front.

— Ne crains rien, dit-il, je sais trop combien l'on souffre quand on aime sans espoir. Mais quelle amertume, mon Dieu! lorsqu'on est obligé de prouver cet amour à un autre! Non, fût-ce même pour un empire, je ne forcerai jamais l'inclination de ton cœur. Clotilde, tu aimes déjà, je sais tout.

— Grâce, mon frère!

— Depuis longtemps, reprit le duc de France, j'avais deviné ton amour. Dans mes rêves, j'entrevoyais pour toi, Clotilde, de plus hautes destinées; mais avant tout, pauvre sœur, sois heureuse! Oui, j'ai surpris tes regards, j'ai remarqué tout à l'heure encore ton émotion, ta pâleur, lorsque je t'ai parlé de ce Henri de Saxe qui t'aime depuis six mois, et à qui, en récompense de notre salut à tous, j'avais fait entrevoir la possibilité de devenir mon frère! Mais pourquoi ces larmes tremblantes sous ta paupière? Ne t'ai-je pas dit que tu étais libre, Clotilde, que je connaissais ton amour?...

— Eudes....

— Cet amour que tu croyais un mystère, depuis quelques jours n'en est plus un pour moi. Aussi, ce matin même, j'ai promis ta main à celui que tu préfères. Tu me pardonnes, n'est-ce pas, Clotilde, d'avoir ainsi disposé de toi? J'ai voulu que tous deux vous me dussiez le bonheur.

Clotilde éperdue ne revenait pas de sa surprise; elle refusait au bonheur l'entrée de son âme.

— Que dis-tu? s'écria-t-elle, mais c'est un rêve!

Un grand tumulte se fit entendre; Clotilde demeura les bras étendus, hors d'elle-même. Eudes se précipita vers la porte, et descendit rapidement l'escalier; il entra dans la salle du rez-de-chaussée en même temps qu'Ebole, son favori.

— Quel est ce bruit? demanda-t-il.

— Nous sommes sauvés! dit Ebole ivre de joie. Le grand Sigefroi n'a pu voir sans admiration l'inrépidité des Parisiens; il ne veut pas qu'un tel peuple soit esclave! Il a rompu le pacte qui le liait aux autres rois normands. Accompagné d'une faible escorte, il est là, aux portes de la ville; il vous demande, et veut jurer dans vos mains une paix éternelle.

— Ah! s'écria Eudes, le ciel prend enfin pitié de nous!

Et il s'élança dehors où l'attendait le peuple hurlant de joie.

Cependant Clotilde, revenue à elle, avait suivi son frère, et elle avait entendu la nouvelle annoncée par Ebole.

— Je ne comprends rien encore à tout ce que je viens d'entendre! se disait-elle en s'avançant dans la salle déserte. Paris sauvé! mon frère dispensé de courir à la mort!... Les ai-je bien entendues ces paroles qui ont fait bondir mon cœur de joie? *J'ai promis ta main à celui que tu préfères....* Comment Gerbolde n'est-il pas venu m'apprendre cela?

Un homme entra, elle courut à lui avec un cri de joie.

— Plus de larmes désormais, n'est-ce pas, Gerbolde? Plus de désespoir! Du bonheur et des bénédictions !

Gerbolde était un beau jeune homme de vingt-neuf ans ; ses yeux noirs, comme ses cheveux et ses sourcils, avaient à la fois de la mélancolie et un éclat très vif ; sa bouche, surmontée d'une épaisse moustache, unissait une extrême douceur à beaucoup de fierté. Tout dans cet homme annonçait le courage, la force et une vaste puissance d'aimer ou de haïr.

Aux douces paroles de Clotilde, son large front ne rayonna pas et la souffrance morale qui y était empreinte le pâlit davantage encore.

— Oui, dit-il, Sigefroi s'éloigne avec son armée ; mais Momar, l'inflexible Momar est toujours là, lui, et quand il noierait dans les eaux de la Seine la moitié de ses troupes, il lui en resterait encore assez pour nous écraser.

— Que dites-vous ? s'écria Clotilde, moi qui croyais Paris sauvé....

— Ah ! si c'était la pensée qui vous rendait joyeuse, redevenez triste et pleurez.

— Mon Dieu ! dit la jeune fille. — Mais au moins, Gerbolde, reprit-elle d'une voix pénétrante, si nous devons bientôt mourir, d'ici là nous aurons du bonheur à faire oublier toutes les misères !... Pourquoi cet air étonné ?.... Oh! je sais tout, la joie ne m'a pas tuée lorsque mon frère m'a appris la promesse qu'il vous a faite, ainsi vous pouvez sans crainte dérider votre front et sourire à votre fiancée.

Gerbolde regardait sans comprendre le gracieux sourire de sa maîtresse.

— Qu'entends-je ? dit-il, oh! mais Clotilde, c'est impossible! Votre frère ?... Une promesse à moi ?...

Et le plus profond étonnement se peignit dans ses yeux.

— Mais oui, dit Clotilde.

— Il ne m'a rien promis.

Clotilde recula.

— Ciel! j'ai donc mal entendu ?... Mais non, je me rappelle bien.... *Ce matin même j'ai promis ta main à celui que tu préfères*, m'a-t-il dit; ce sont là ses paroles.... Gerbolde, par pitié! cessez de me torturer, vous voyez bien qu'il m'a tout dit !...

Gerbolde sentit le désespoir envahir son cœur.

— Clotilde, s'écria-t-il en prenant les mains de la jeune fille, il y a ici une affreuse méprise que je ne puis comprendre; mais je vous jure par notre amour que votre frère ne m'a jamais parlé ainsi.

Clotilde le regarda en face.

— Je vous crois ; mais alors... Voyons, rappelons mes idées... Que me disait-il ?... Il m'entretenait des souffrances du peuple, de la nécessité de son départ... du duc... du duc de Saxe !... qui m'aimait !.. Ah ! je devine !...

Elle poussa un gémissement et appuya son front sur la poitrine de Gerbolde. Celui-ci soutint son amante, et la pressant contre son cœur, il murmura :

— Et moi aussi, je comprends... Henri de Saxe, je t'aimais pour ton courage, j'admirais ta gloire, maintenant je te hais !...

— Gerbolde, dit Clotilde, il ne nous reste plus qu'à mourir !...

— Pas encore, dit froidement Gerbolde.

— Aurions-nous quelque espoir ?

— Un seul brille à mes yeux ; j'y songe depuis longtemps.

— Parlez.

— Il faut s'armer d'une résolution bien ferme, Clotilde, oserez-vous ?...

— Tout au monde ! pour échapper à une destinée qui nous séparerait.

— Écoutez donc, ô ma bien-aimée!... Il est dans le camp des Normands une femme dont la beauté plus qu'humaine ravit les chefs de nos ennemis. Son nom est Yolla ; elle est l'épouse de Momar, le plus puissant des rois alliés, après Sigefroi. Dans la mêlée, elle combattait naguère comme une lionne ; dans le camp, à l'heure du sacrifice, elle prédit l'avenir. Chaque nuit, sous la tente de la belle fille du Nord, se glisse, à la faveur des ténèbres, un homme couvert de l'armure scandinave ; il n'en sort que quelques heures seulement avant l'aurore, et par une voie creusée sous la terre et que lui seul croit connaître, il rentre dans Paris. Vous savez que mille fois des Parisiens, se revêtant des armures des morts et des prisonniers normands, sortirent de la ville à la chute du jour, et que, s'introduisant dans le camp ennemi, ils y portèrent la confusion, la peste et le trépas ? Eh bien, un soir, je faisais partie d'une de ces troupes ; le carnage avait été horrible ; accablés par le nombre, mes compagnons étaient restés sur le champ du combat. Atteint de plusieurs blessures, mais toutes peu dangereuses, je rampais dans l'ombre, et je fis alors au ciel un vœu que je n'ai point encore eu l'occasion d'accomplir : celui de sauver la vie d'un Normand, si je parvenais à m'échapper. Je me glissais donc à travers les tentes, lorsque j'entendis une voix que je reconnus aussitôt; je crus qu'un danger menaçait mon maître, car c'était lui, c'était Eudes, votre frère.

— Ciel !

— Une autre voix douce comme la vôtre, Clotilde, parvint jusqu'à moi. Aux paroles qu'elle prononça, je fus rassuré; mais, plus étonné que jamais, malgré moi j'écoutai... La prêtresse d'Odin aimait le héros de Paris.

— L'imprudent ! s'écria Clotilde toute tremblante.

— Il faut qu'il adore bien cette femme, n'est-ce pas, continua Gerbolde, pour exposer ainsi sa vie ? Une pensée m'est venue, Clotilde : je connais la route souterraine qui conduit au rivage, où sous l'excavation d'un rocher se trouve une petite barque normande, portant les couleurs de Momar. C'est celle qui sert à votre frère pour aller sur l'autre rive, où, parmi les plus belles, se dresse la tente de ses amours. Yolla ne saura résister à vos prières, deux cœurs qui aiment se comprennent bien vite !... De même que vous l'aurez implorée, elle implorera votre frère, et ce ne sera pas en vain, car elle a sur lui toute puissance.

— O mon Gerbolde! Dieu vous inspire! Quand allons-nous nous jeter aux pieds de Yolla?

Gerbolde sentit monter à son front la joie de l'orgueil, apprenant qu'il était tant aimé.

— Clotilde, dit-il avec enthousiasme, ah! je suis sûr de ton amour maintenant! Eh bien donc, comme le gouverneur ne quittera point Paris cette nuit, à cause de l'agitation qui doit régner dans le camp où s'apprête le départ de Sigefroi, il nous faudra attendre deux jours. — Et entourant Clotilde de ses bras. — O ma bien-aimée, ajouta-t-il, quand vos beaux yeux auront vu trois fois naître l'aurore, au crépuscule du soir votre amant sera près de vous et nous fuirons... Adieu...

Au moment où Gerbolde franchissait le seuil de la salle, huit archers, au milieu desquels était un prisonnier normand, traversaient la place.

— Où conduisez-vous ce prisonnier? demanda Gerbolde.

— Au supplice, répondit un des archers, a moins qu'il ne vous plaise de le prendre pour esclave!

6.

Gerbolde regarda le Normand, et satisfait de son muet examen, il lui dit avec douceur :

— Ton nom?

— Hérold, répondit le Normand d'un ton brusque.

— Délivrez-le, je le prends, dit Gerbolde sans hésiter.

Les archers se retirèrent; le Normand croisa les bras sur sa large poitrine, et dit à Gerbolde avec l'expression de la plus indomptable fierté.

— Tu aurais mieux fait de me laisser mourir.

— Pourquoi?

— Parce que je te tuerai plutôt que d'être ton esclave.

— Tu ne me tueras point, dit Gerbolde avec un sourire, et tu ne seras point mon esclave.

— Que veux-tu faire alors ?

— Te rendre la liberté.

— A quel prix ?

Gerbolde lui serra la main en disant :

— Dieu à qui j'ai fait, dans une heure terrible, le serment de sauver la vie d'un Scandinave s'il sauvait la mienne, Dieu m'a payé ta dette; va donc, nous sommes quittes.

Un éclair étrange passa sur le front du Normand;

il suivit un instant Gerbolde des yeux, puis s'écria d'une voix profondément émue, en s'adressant à Clotide qui n'avait rien perdu de cette scène :

— Oh ! qui que vous soyez, le nom, le nom de cet homme ?

— Gerbolde ! répondit Clotilde avec une irrésistible expression d'orgueil.

CHAPITRE IV

LES NORMANDS

Le camp principal des Normands s'étendait depuis Lupara jusqu'à la vallée de Misère, mais couvrait aussi sur l'autre rive de la Seine les jardins dévastés du palais des Thermes ; c'est là que se réunit l'armée de Sigefroi dont la flotte, à la grande joie des Parisiens, hissait des pavillons d'adieux.

Debout devant sa tente royale, Momar, le front plissé, l'œil sombre, roulait dans ses doigts sa barbe fauve. Une cotte de mailles couvrait sa poitrine, une forte épée à double tranchant pendait à sa ceinture. Il suivait de son regard étrange les apprêts du départ de Sigefroi, et sa rage ne se trahissait que par de rares éclairs échappés de dessous ses épais sourcils.

Un homme de haute taille, couvert de l'armure scandinave, s'approcha de lui.

—Adieu, dit-il, je pars.

Momar ne serra point la main qu'on lui tendait, et d'une voix sombre comme son farouche courage, il s'écria :

— C'en est donc fait, Sigefroi, tu quittes ces lieux rougis du sang de nos frères, et lorsque sur tes étendards tu devais écrire le mot *vengeance !* ta bouche ne cesse de prodiguer des paroles d'admiration pour nos ennemis, et tes scaldes chantent leurs louanges ! Sigefroi ôta son casque et découvrit son front où se mêlait, à la fierté sauvage du barbare, une douce expression de noblesse.

—Ah ! c'est que des ennemis comme ceux-là, dit-il, ne sont pas des ennemis ordinaires. Si jamais la fortune injuste permettait à nos soldats de triompher de ces murs, soient maudits ceux qui sans pitié pour la grandeur de ces hommes ne leur feraient point grâce ! Mais que dis-je grâce ! ils n'en voudraient pas. Nobles enfants de Paris, depuis un an que vous défendez si vaillamment votre liberté, jamais du sein de la mêlée où vous tombez accablés par le nombre, ce mot honteux : GRACE ! n'est sorti de vos bouches expirantes. Momar, je suis venu assiéger ces murailles pour venger la mort de Godefroid traîtreusement assassiné par les ordres de Charles le Gros. Maintenant assez de sang a coulé sous mon glaive! un peuple dans l'esprit des nations ne doit pas être responsable des crimes ou des lâchetés d'un seul homme! Momar, souviens-toi du jour où, sur les eaux de la Seine, flottèrent pour la première fois nos drapeaux, brillèrent nos innombrables lances! Comme les Scandinaves qui avant nous avaient déjà échoué au pied de ces remparts, nous tendîmes nos bras vers Lutèce, et nous criâmes en bravant ses fils : *Nous venons de la patrie des hommes* ! Les échos seuls du rivage nous répondirent ; comme de brillants fantômes le soleil couchant nous montra les Parisiens [1] debout, calmes et fiers sur leurs créneaux. Te penchant alors vers moi, tu me dis tout bas : « Ce peuple est brave, et nos frères vaincus n'ont pas menti. » Puis regardant le ciel tu t'écrias : « Enfin nous avons trouvé des ennemis dignes de nous ! » Momar, depuis cette heure, repasse toutes celles de ta vie, et avoue que tu n'as pas été détrompé dans ta croyance ?

[1] Abbon.

Momar, entraîné malgré lui par cet instinct sympathique qui unit le courage au courage, oublia un instant l'immense désir de vengeance qui l'envahissait.

— Oui, dit-il, les Parisiens méritent l'admiration. Après les enfants d'Odin, viennent les enfants de Clovis et de Charlemagne.

— Momar, reprit Sigefroi, souviens-toi du premier assaut que nous avons livré à cette poignée d'hommes ; du haut de leurs murs ébranlés ils faisaient pleuvoir sur nos têtes une grêle de traits ; leur chef que rien n'étonne s'exposait à nos coups comme le dernier de ses soldats. Robert, son digne frère, Ebole, Roger, Adelelme, tous ces héros, au plus fort du péril, faisaient briller leur glaive. Étonnés par la valeur de semblables ennemis, nos soldats rebutés allaient fuir ces bords invincibles, leurs femmes les rappelèrent au combat. Pour la première fois, les Normands avaient eu peur ; la honte fit rougir leurs fronts. Tu sais quels horribles moyens leur inspira leur rage. Trente mille victimes, prises dans les campagnes et les faubourgs de Paris, furent égorgées [1] et plongées dans les fossés pour les com-

[1] Abbon, Félibien, Cordemoy, etc.

bler ; les échelles alors furent placées sur leurs membres palpitants. Ainsi foulé, l'immense tombeau regorgea d'une écume sanglante, dont la vapeur s'élevant vers le ciel enveloppa d'un affreux nuage assiégeants et assiégés. Tous ont frémi d'horreur; les uns de ce qu'ils voient, les autres de ce qu'ils ont fait !... Mais le châtiment suivit de près le crime. Ce jour-là, Momar, nous fûmes vaincus ! Et cette tour ! cette petite tour de bois qui, sur la rive méridionale de la Seine, séparée de la ville, ne pouvait en recevoir aucun secours, quelle admirable ruine ! Douze hommes seulement la défendaient ; deux jours avant leur mort, n'espérant plus même en Dieu, ils voulurent du moins sauver leurs faucons, apanage de leur noblesse et compagnons de leurs plaisirs. Battant des ailes, les fiers oiseaux s'élevèrent dans les airs et prirent leur vol vers la ville comme pour y porter le dernier soupir de leur maître [1]. Et lorsque la tour s'écroula dans les flammes, que nous croyions en voir sortir au moins cent guerriers, un seul homme, les autres étaient morts, parut sur une poutre qui tenait encore, et pareil à une Valkirie (6) debout sur la coupole embrasée du Valhalla (7), nous lança sa

[1] Abbon, etc.

dernière flèche (8). Et tu veux qu'étouffant en moi tout ce que je ressens d'estime pour un tel peuple, je travaille à le rendre esclave !....

La haine avait peu à peu fait place dans le cœur de Momar à l'admiration ; les dernières paroles de Sigefroi redressèrent son orgueil.

A une centaine de pas se formaient les bataillons de Sigefroi. Suivis de leurs gardes, les rois alliés, implacables comme Momar, s'avançaient lentement vers Sigefroi, plutôt pour l'accabler de leurs dédains, que pour lui faire leurs adieux. Momar se tourna vers eux, et dès qu'ils purent l'entendre, il leur cria :

— Approchez, glorieux descendants de l'antique Scandinavie, venez juger ce prince déchu de ses aïeux, et que l'esprit du grand Odin abandonne.

Sigefroi redressa son front, et le couvrant fièrement de son casque, il dit :

— Momar, souviens-toi que sur la terre Sigefroi ne connaît point de juges. S'il en a dans le ciel, qu'ils osent le blâmer !...

Dominé par la supériorité de cet homme, Momar et les autres chefs se turent. Il se fit un moment de silence, et Sigefroi reprit :

— Vous le voyez, nul bruit que celui des armes de mes guerriers n'a retenti dans l'air !... Rois, puisque rien ne touche vos cœurs et que vous ne savez qu'être braves, continuez le siége de cette ville, heurtez ces remparts de vos fronts humiliés, et si l'un de vous parvient jusqu'aux créneaux, qu'il regarde sous ses pieds, là il verra un nouveau champ de bataille; devant lui seront entassés comme des cadavres, des hommes, des enfants, des vieillards; alors il sourira avec une affreuse joie, et il criera *victoire !* Mais à sa voix, comme les héros divins se réveillent au son de la lyre de Braga (9), ces monceaux inanimés, secouant les douleurs de la peste, rejetteront leur faiblesse comme un linceul, et leurs pâles visages, se tournant vers le ciel, prendront une expression d'audace et de fierté. Leurs yeux éteints se ranimeront, et leurs lèvres bleuâtres crieront des paroles de haine, de vengeance et de mort... Repoussé comme toujours, le Normand roulera dans les fossés, et la terreur dans l'âme il se croira le jouet d'un rêve terrible!... Voilà ce qui vous attend, rois alliés, si vous arrivez au sommet de ces murailles; car dans ce moment de trève, voilà ce que sont les Français! des vivants ressemblant à des morts.

Momar, blessé encore dans son orgueil, ce qu'il avait de plus cher au monde, s'écria :

— Fuis donc, Sigefroi, va dire à nos frères, à nos femmes et à nos enfants, que tu as quitté le siége de Paris parce que tu ne pouvais vaincre, et que moi, Momar, j'ai juré de ne redescendre le cours de la Seine que lorsque j'aurai enseveli dans ses ondes le dernier héros de Lutèce.

Sigefroi dédaigna de répondre à l'insultant Momar, et d'une voix tremblante d'émotion :

— Adieu, dit-il, sol héroïque que je ne puis me lasser d'admirer et que je voudrais pouvoir défendre !

Et il partit, et les rois alliés se regardèrent et finirent par se demander si cet homme n'était point décidément insensé.

Le soir, comme l'embarquement venait de s'achever et que la flotte prête enfin à partir s'endormait sur les eaux de la Seine qui devaient l'emporter aux premiers feux du jour, Yolla la prêtresse releva doucement le rideau de sa tente, elle fit quelques pas les yeux tournés vers le ciel, et quand elle se fut assurée que la nuit n'était pas loin, elle mit une main sur son cœur et soupira.

— Enfin, le silence est revenu, dit-elle ; la nuit étend sur nous son voile.

Après un instant de rêverie, elle reprit :

— Cinq jours que je ne l'ai vu ! Cinq jours que je regarde en vain du côté où il paraît en me faisant un signe de la main ! Je désire qu'il vienne, et pourtant je tremble chaque fois qu'il ose pénétrer jusqu'ici.

La prêtresse, tandis que le soleil enseveli jetait à l'horizon une dernière teinte d'opale, monta sur un tertre, et regarda Paris en songeant à Eudes. Elle resta longtemps droite et blanche au reflet chatoyant des astres qui miroitaient au ciel. Absorbée dans une pensée unique, ses beaux bras nus croisés sur son sein, elle fixait des yeux ardents sur cet amas de pierres qu'un léger brouillard rendait plus incertain encore. Tout à coup, une étrange hallucination la saisit ; dans la brume elle crut voir les rives du fleuve se peupler de gigantesques fantômes, d'étranges apparitions de dômes, d'arcs de triomphe, de colonnes et de clochers flottèrent autour d'elle. Épouvantée, elle secoua son front ; ses cheveux humides de rosée la rappelèrent à elle-même en se déployant sur son visage.

Un bruit de pas se fit entendre, c'était Momar.

— O nuit ! dit-elle, épaissis tes ténèbres, et fasse le grand Odin qu'Eudes ne vienne pas encore, si toutefois il doit venir !...

Elle rentra sous sa tente, Momar s'avançait ; à côté de lui marchait Yngvé, son favori.

— Oui, disait-il à Momar, Goslin est mort ; mais cette perte n'a pas affaibli le courage des Parisiens ; rien ne peut abattre ces hommes qui comptent autant de soldats que de citoyens. Un prisonnier m'a dit toutes leurs misères ; on ne peut comprendre qu'ils résistent encore ! A la mort de leur évêque, dont la voix les excitait au combat et soutenait leur espoir, le plus affreux découragement s'était emparé d'eux : les vieillards, les femmes, les enfants, se portant en foule au sépulcre immense des guerriers morts depuis le commencement du siége, chantèrent des cantiques à leur Dieu, et invoquèrent le trépas pour échapper à l'esclavage. Mais leur intrépide gouverneur leur a rendu l'énergie, et à cette heure on célèbre le sacre du nouvel évêque.

— Le ciel en effet protégerait-il la Gaule? pensa Momar.

— J'ai appris quelque chose encore, reprit Yngvé.

— Que ne parles-tu donc?

— Écoute. — Et Yngvé jeta autour de lui son regard farouche. — Cette nuit le comte de Paris et le duc de Saxe doivent traverser le camp.

Momar sourit.

— Et c'est cette nouvelle que tu gardais pour la dernière?

— Écoute donc, poursuivit Yngvé sans s'émouvoir. Ils veulent se rendre en Germanie pour solliciter des secours de Charles le Gros.

— Eh bien, dit Momar, ils ne sortiront pas des environs de Paris! Que de nombreuses patrouilles parcourent le camp. Porte mes ordres et viens me retrouver; je serai sous ma tente.

Yngvé s'éloigna, et Momar, se tournant vers la tente de Yolla, dit d'une voix tout à coup radoucie :

— Pas une heure de repos! pas une heure d'amour !

Il alla relever le rideau de la tente. Yolla, blanche et calme, la tête gracieusement penchée sur son épaule de neige, ses longues paupières baissées, dormait et semblait sourire à un rêve; ses cheveux inondaient son beau corps, et ses bras nus, ornés de bracelets d'or comme la fine cheville de ses pieds d'ivoire, se croisaient sur un bouclier fixé à la tête de son lit.

Momar enivré allait entrer ; il eut la force d'étouffer et ses désirs et ses regrets, et laissant retomber le rideau il dit :

— Dors, ma nouvelle Frigga, repose en paix jusqu'au jour, et que les bons génies du Valhalla te bercent d'heureux songes! Moi, je vais demander aux Valkiries du grand Odin des trophées et de la vengeance.

Il sortit.

Dès que le bruit de ses pas se fut perdu dans l'éloignement, Yolla, qui avait feint de dormir, tira le rideau de sa tente pour jouir du spectacle de la nuit, de ce ciel étoilé, toujours sombre dans sa patrie, de cette douce brise qui emportait les miasmes de Paris et qui sentait les bois.

CHAPITRE V

YOLLA

La nuit pouvait être au tiers de sa durée, lorsque, au bout de l'allée des tentes qui conduisait à celle de Yolla, parurent, comme deux ombres dans l'obscurité, deux hommes couverts de l'armure normande.

— Henri, dit l'un à voix basse, nous sommes au centre du camp, plus rien autour de nous que la mort qui sommeille.

— Trompons sa vigilance, répondit l'autre ; fuyons, ami, fuyons.

— Les périls sont grands, reprit le premier, mais rien ne pourrait changer ma détermination. Devancez-moi, arrêtez-vous sur le bord du fleuve : je sais une retraite où nous pourrons ensuite nous réfugier, si l'on nous poursuit.

— Moi, vous quitter ? vous laisser seul ici ? jamais ; je vous l'ai déjà dit.

— Il le faut : si je dois mourir dans ce camp, ce n'est pas le secours de votre bras qui pourra me sauver, tandis qu'un jour, frère, vous me vengerez.

Le duc de Saxe hésitait.

Eudes le serra fortement sur sa poitrine, et lui dit :

Souvenez-vous de notre devise : Courage ! Confiance !

Il le repoussa pour se détacher de lui, et courut à la tente de la prêtresse.

Avant d'y entrer, il se retourna et ne vit plus son compagnon ; heureux, il souleva le rideau de la tente et murmura le nom de Yolla.

D'un bond la prêtresse fut dans ses bras.

— Toi ! s'écria-t-elle, n'est-ce pas un rêve ? Je commençais à désespérer. O mon bien-aimé, la cinquième nuit allait s'écouler depuis notre dernier baiser d'adieu.

— Qu'elle couvre longtemps de son ombre protectrice le faîte de ces tentes, reprit Eudes, en répondant à ses caresses, car à l'aurore l'amour fuira.

— Eudes, ne songeons qu'au présent…. Et d'abord, explique-moi cette absence cruelle qui m'a fait souffrir toutes les douleurs du Niflheim (10)?

— Yolla, tu le sais, rien n'est à moi dans ce monde, ni mon temps, ni ma vie, ni mon cœur…. Je voudrais tout lui sacrifier, puisqu'il t'appartient; mais c'est impossible.

— Souviens-toi, souviens-toi ! dit la prêtresse penchée sur son amant, les deux mains unies sur son épaule, les lèvres frémissantes contre sa joue, et ses cheveux mêlés aux siens ; Eudes, pourvu que tu te souviennes, je te pardonne de m'abandonner !

Ces douces et sublimes paroles firent tressaillir le cœur du héros comme un pressentiment douloureux.

— Eudes, reprit Yolla, conservant sa gracieuse attitude, malgré le duc qui cherchait à l'entourer de ses bras, Eudes, ton amour est ma vie: souviens-toi !……

Ces derniers mots furent dits d'une voix vibrante qui s'éteignit dans un baiser.

La ravissante fille du Nord échappa aux caresses du comte de Paris, et alla prendre dans un casque étincelant dont le cimier renversé couronnait un trophée, une large médaille d'or qu'elle fit miroiter aux yeux étonnés de son amant :

— C'est, dit-elle, après avoir joui un instant de sa surprise, c'est la médaille d'or pur, couverte de runas gravées par le roi Erick lui-même ; le roi Erick, presque l'égal d'Odin ! son temple est à Bjorkö. Je l'ai suspendue à une tresse de cheveux que j'ai coupée pour toi. Cette médaille rend invulnérable qui la porte sur son cœur, flottante sur sa cuirasse.

Et voyant sourire le duc, elle reprit, souriant aussi :

— Si tu doutes de sa vertu, incrédule enfant de Paris, conserve-la au moins en mémoire de ta bien-aimée. Eudes, souviens-toi !

Yolla, délicieuse de grâce et d'amour, suspendit au cou du duc de France la médaille d'Erick.

Eudes prit les mains de Yolla, et, la faisant asseoir, il se coucha à ses pieds.

— Yolla, dit-il, te rappelles-tu, à notre dernier rendez-vous, ce moment d'extase où, assis à tes pieds comme à présent, mes regards montaient vers les tiens avec tout l'amour, toute l'admiration de mon âme ? Jamais encore je ne t'avais trouvée si belle ; ton front ne brillait plus d'une ardeur guerrière comme au premier jour de notre vie; car je ne compte l'existence que de l'heure où je t'ai vue, Yolla ! Tes yeux n'exprimaient plus l'audace et la colère; tes lèvres ne menaçaient plus de l'anathème.... tes regards, d'une sublime douceur, étaient tournés vers la voûte céleste; et, sur ton front pur comme les rayons de lune qui l'inondaient, se reflétait la candeur de ton âme. Tu n'étais plus l'orgueilleuse déesse de ta patrie : tout en toi faisait rêver la vierge sainte adorée des chrétiens!.... Oh! sois toujours ainsi.

Il se tut et se perdit dans un rêve heureux, tandis que sa belle maîtresse l'admirait silencieuse, en roulant dans ses doigts les longues boucles de ses cheveux.

— Avant de te connaître, dit-elle, effleurant de ses lèvres le front prédestiné de son amant, j'ignorais les joies de l'amour et la mission de la femme ici-bas. Tu m'as révélé des émotions inconnues aux premiers battements de mon cœur. Aussi, ai-je dépouillé mes armes pour cette robe de lin... « Sois femme » ! m'as-tu dit. Ah! pourquoi les dieux t'ont-ils fait naître sous le ciel des Gaules? Que n'as-tu reçu le jour sur les rochers du Nord? Jamais alors je n'eusse quitté les rives lointaines de ma patrie ; heureuse j'aurais pu vivre et mourir sans crime dans tes bras.

Eudes leva les yeux vers la prêtresse, baisa ses mains et répondit :

— Un jour viendra où nous serons libres tous deux, ma Yolla bien-aimée, où nous pourrons nous abandonner à nos rêves enivrants, sans craindre un funeste réveil. Sans danger, nos paroles d'amour troubleront le silence de la nuit : plus jamais nous n'échangerons le mot adieu ! ce mot qui nous tue.

— Oh ! oui !

— Mais toi qui lis dans l'avenir, reprit Eudes après un silence, ne pourrais-tu donc m'appprendre combien d'heures encore il nous faudra vivre ainsi ?

Yolla sourit doucement.

— Je lis dans l'avenir ? O mon ami ! le ciel n'a pas mis ici-bas ses plus grands génies ; si quelquefois mes prédictions se réalisent, nul ne doit croire que je puisse tout deviner.

— C'est étrange ! qu'éprouves-tu donc quand tu parles en inspirée ?

— Je ne sais ; pour t'expliquer cela, il faudrait que j'eusse deux voix, et que dans le moment sublime où l'une exprime mes pensées du ciel, l'autre dît l'état de mon âme ; car, lorsque, abattue et tremblante, je sens palpiter mon cœur et fléchir mes genoux, lorsque mon esprit est redescendu sur la terre, et qu'il est redevenu l'esclave de ma dépouille mortelle, j'ai tout oublié..... mon bien-aimé, une blanche Valkyrie de la salle des fêtes pourrait seule nous apprendre notre sort à venir....

L'âme de Yolla était pleine de cette poésie grandiose que respirent les chants ossianiques. Son cœur naïf s'était abandonné à l'amour avec entraînement; à chaque heure du jour il s'ouvrait à de nouvelles espérances, toutes au vol chaste comme sa nature domptée. Elle était d'une candeur enfantine, cette terrible guerrière aux mains sanglantes : c'était une brebis, c'était une colombe !

Elle rejeta doucement sa tête en arrière ; son cou superbe se pencha, et elle dit :

— Que cette nuit est belle ! que de voluptés dans l'air que je respire ! Ne sens-tu pas un doux parfum de fleurs ?

Eudes se leva, et un amer sourire contracta ses lèvres.

— Des fleurs ?... Enfant, l'amour t'abuse! Autrefois, aux lieux qu'occupent ces innombrables tentes, de gracieux bosquets élevaient leurs rameaux vers le ciel ; ici se trouvaient les jardins de nos anciens rois ; alors, oui, alors de doux parfums remplissaient l'atmosphère ; à chaque pas, le lis odorant étalait son calice de neige sous l'ombre des lauriers. Hélas ! qu'êtes-vous devenues, fleurs chéries de nos rois !

— Tais-toi, tais-toi ! dit la prêtresse.

Eudes reprit, frémissant de colère, et espérant dans l'avenir en songeant au passé :

— Tremblez, ennemis de ma patrie ! tremblez !

Yolla épouvantée s'élança vers lui, en posant une main sur ses lèvres.

— Au nom du ciel, pas si haut ! dit-elle ; Eudes, est-ce l'heure de la vengeance ?....

Et Yolla le baisa au front. Eudes ne le sentit pas, et ne répondant qu'à la question de sa maîtresse :

— Elle n'est pas encore venue, dit-il.

— Attends-la donc, elle viendra peut-être.

— Oh ! oui !

Ces deux mots furent dits avec un profond sentiment de confiance. Toute sa devise était là.

Yolla donna à son amant un nouveau baiser, sous lequel cette fois il tressaillit.

— Cette nuit, dit-elle, ne pensons qu'à nous.

Eudes l'entraîna enlacée en murmurant :

— Tout à l'amour, tout au bonheur, n'est-ce pas ?

Soudain Yolla frissonna.

— Eudes, dit-elle, en le repoussant, n'as-tu rien entendu ?...

— Rien.

— Il me semble qu'on a marché !...

— Le bruit du vent sans doute qui chasse les feuilles mortes. Enfant, que crains-tu près de moi ?

— Tout ! et rien !

Yolla en parlant ainsi avait une sublime expression, à la fois d'inquiétude et d'orgueil; puis tant d'amour au fond du cœur qu'il débordait dans l'accent de sa voix.

Cependant, elle ne s'était pas trompée : derrière la tente se glissait comme un reptile une forme humaine; elle se traînait à genoux et cherchait à entendre. C'était Yngvé, l'espion de Momar. Haletant, plein d'un terrible espoir, il voulait se convaincre.

— Ah ! s'écria Eudes avec un pressentiment doux et cruel, qu'il serait affreux de mourir à cette heure, où rien dans la nature ne distrait nos pensées d'amour !

Yolla passa ses belles mains dans les cheveux de son amant.

— Eudes, mon beau prince ! murmura-t-elle.

Et les lèvres de la prêtresse se turent frémissantes sur les lèvres de son guerrier.

Yngvé, certain de sa proie, s'enfuit ; le bruit qu'il fit arriva distinctement sous la tente. Eudes s'arracha violemment aux caresses de Yolla, tira son glaive et sortit. Yolla éperdue le suivit. Ils écoutèrent un instant en regardant dans toutes les directions ; au bout de quelques minutes, Yolla vit briller des lances à l'extrémité de l'allée qui conduisait à la tente de Momar.

— Nous sommes perdus ! dit-elle : Momar sait tout.

— Eh bien ! qu'il vienne ! dit Eudes, je ne te quitte pas.

— Insensé ! quand ta fuite peut encore nous sauver ! Je nierai, et Momar me croira.

— Que faire ?

— Fuir au plus vite.

— Mais l'abandonner aux mains de ce barbare !...

— Je t'ai dit que sans preuves il ne me condamnera pas. D'ailleurs, songe à ton pays que tu abandonnes...

Cette pensée mordit douloureusement le cœur de Eudes.

— Henri est mort à cette heure, peut-être, pensa-t-il.

— A demain ! dit la prêtresse.

— Adieu ! répondit le duc de France, dans un suprême baiser.

Sa belle maîtresse le vit se perdre dans l'ombre, elle ferma les rideaux de sa tente, donna un soupir au bonheur passé, une espérance au bonheur à venir, puis toute sa pensée au danger présent.

Bientôt Momar, suivi d'une multitude de soldats et du lâche Yngvé, parut devant la tente de la prêtresse. Ils marchaient dans le plus profond silence. Le barbare, une torche d'une main et un poignard de l'autre, s'avance vers la tente et en ouvre brusquement les rideaux... O surprise ! Yolla n'avait pas même changé de position ; elle dormait, souriant toujours, et plus ravissante encore sous le reflet calme et chatoyant de la lampe nocturne.

Momar, interdit, laisse retomber le rideau, et d'une voix terrible s'écrie :

— Yngvé, tu as menti !

CHAPITRE VI

ÉPISODE

La facilité que les Parisiens avaient à s'introduire dans le camp des Normands paraîtrait fabuleuse si elle n'était attestée par tous les historiens. Ils se couvraient des armes des prisonniers et allaient se mêler aux fêtes des Normands, apportant au milieu d'eux la peste qui les suivait. Ce genre de combat eut parfois des résultats terribles pour l'ennemi. La confiance des Scandinaves était d'ailleurs si grande, que c'est à peine si quelques sentinelles veillaient aux postes les plus importants. Cependant lorsque l'expérience leur eut appris ce qu'étaient ces hommes des Gaules qu'ils étaient venus attaquer, ils prirent des précautions : des fossés furent creusés autour de leur camp, un service plus régulier s'établit.

Aussi, Eudes, en se glissant parmi toutes ces tenes sans trop savoir où il se dirigeait, eut-il de grandes inquiétudes, non pour sa vie, mais pour la réussite de sa périlleuse entreprise. C'était sur le bord de la Seine, en remontant le fleuve, qu'il avait donné rendez-vous à Henri; mais comment ferait-il pour le retrouver dans la nuit ? Attendre le jour était impossible; appeler, plus impossible encore ! C'est avec toutes ces inquiétudes, toutes ces angoisses dans le cœur, qu'il marchait passant auprès des Normands endormis, et cherchant à éviter l'attention de quelques sentinelles. A sa grande surprise, il était parfois obligé de se cacher pour éviter la rencontre de nombreuses patrouilles. Il se figura alors que tout était découvert, que Yolla n'avait pu tromper Momar, et que c'était lui qu'on cherchait ; toutes ses pensées furent pour la femme adorée qu'il abandonnait, et s'il ne s'était souvenu de sa patrie, cette autre amante sacrée, il serait retourné sur ses pas.

Après plus d'une heure, car il avait sans doute tourné dix fois dans le même cercle n'ayant pas un ciel sans nuage pour le guider, il arriva au bord des fossés que les Normands avaient creusés; il les suivit, décidé à s'y jeter à tout hasard s'il ne trouvait aucune issue.

Un nouvel obstacle l'arrêta.

Une maison construite en terre et en bois s'élevait entre le fossé et une tente qui la touchait. Il était impossible d'aller au-delà sans traverser cette maison qui avait une double sortie. Les deux portes étaient ouvertes, et s'il avait fait jour, on aurait pu aussi bien voir ce qui se passait de l'autre côté, en dehors, que ce qui se passait à l'intérieur. Autour d'une table boîteuse, des Normands buvaient de l'hydromel, silencieusement appuyés sur leur lance. Un de leurs scaldes, vêtu de sa longue robe blanche, la poitrine couverte de sa cuirasse et le front couronné de lauriers, tirait de sa harpe quelques sons mourants. Deux prêtres sacrificateurs, ministres sanglants du culte d'Odin, caressaient leurs couteaux.

Un des Normands qui semblait être le chef de la troupe se tourna vers le scalde :

— Frère, dit-il, chante-nous quelque chose pour nous distraire, en attendant que nous recommencions notre chasse au comte de Paris.

Le scalde se leva.

— Faut-il vous chanter la Runa ? demanda-t-il, ou le chant d'Halmar, pour l'instruction des jeunes guerriers ?

— Non, dit le chef, l'une est trop mélancolique, elle engourdirait nos cœurs ; l'autre est inutile, nous ne sommes plus de jeunes guerriers !

— Préférez-vous le chant d'Eskil ?

— Laisse Eskil et la belle Edevige, nous ne devons pas sitôt revoir nos amantes, et nous serions jaloux.

— Voulez-vous le chant de Torwald après avoir fui dans un combat ?

— Il n'y a pas de lâche ici ! autre chose, frère, et si tu ne sais plus rien, improvise.

— L'inspiration ne me viendrait pas ce soir, dit le scalde, je vais vous conter l'histoire du grand Odin.

— Oui, oui ! l'histoire d'Odin ! s'écria-t-on.

— Parfois, dit le chef en tressaillant malgré lui, lorsqu'on raconte son histoire sa grande ombre passe au milieu des auditeurs, se mêle à eux, et inspire le scalde qui parle de lui.

— Puisse-t-il descendre cette nuit parmi nous ! s'écria le scalde, les yeux au ciel, et en faisant vibrer sous ses doigts les cordes de sa harpe.

Tous répétèrent ce vœu et se tinrent immobiles afin d'écouter l'histoire, pour eux toujours pleine de charmes, d'Odin le Scandinave.

La voici, non pas telle qu'on la leur dit, mais telle qu'elle est.

HISTOIRE D'ODIN.

Au fond d'une vallée de la Scythie, se réunirent un jour les enfants d'Asgar, peuplade sauvage des rives de la mer Caspienne. Parmi eux un homme était venu se disant l'envoyé des dieux ; cet homme avait trente ans : il se nommait Odin. C'était pour le proclamer roi qu'ils s'assemblaient. Ce titre appartenait pourtant à Mimer, dernier descendant des princes de la Scythie ; mais depuis une année Mimer n'était plus.

Odin, non content de convoiter sa couronne, lui avait ravi l'amour de Frigga !

Or, Frigga était la plus belle des femmes ; ses cheveux noirs l'enveloppaient conme un voile lorsqu'elle déliait la tresse de roseaux qui les nouait ; son regard avait quelque chose de fascinateur, ses dents étaient blanches comme la perle des mers ; sa voix, soit qu'elle parlât ou qu'elle chantât, remplissait d'un charme infini. Le mystère de sa naissance ajoutait un prisme de plus à cette femme singulière.

en beauté. Nul ne savait qui elle était, ni d'où elle venait. Un jour, Mimer, poursuivant à la chasse un chamois déjà blessé, s'enfonça bien avant dans les rochers et les bois. Frigga lui apparut comme un fantôme; il eut peur. Le soir, il raconta ce qu'il avait vu à Odin, dont il reconnaissait peut-être la supériorité, et que la fatalité poussait à aimer. Le lendemain Odin avait conquis et dépoétisé la femme que Mimer avait prise pour une surnaturelle vision. Déjà le cœur de Mimer s'était enflammé d'un mystérieux amour, déjà il attachait à la fille des rochers toutes les espérances de sa vie...

Heureux de ses rêves, il court chez Odin, afin de lui demander conseil. En entrant il apprend la trahison de son perfide ami. Le désespoir envahit son âme; craignant de céder à ses transports il brise son arc; puis, désespéré, court vers la mer, gravit une roche élevée et se précipite dans les flots. Odin qui a suivi son ami arrive sur le rivage et interroge du regard la plaine mouvante; mais il n'aperçoit qu'un point blanc dans l'espace paraissant et disparaissant tour à tour derrière les lames écumantes : sans doute quelque goéland planant à l'horizon.

Depuis lors, Odin vit heureux dans les bras de

Frigga. Son amour ne lui a point fait oublier son ambition; il a flatté le peuple par ses discours, il l'a ébloui par son adresse, sa force et son courage. Enfin, son bonheur est complet, absolu. L'assemblée de la nation le nomme chef suprême. Un repas au bord de la mer, puis des danses, et des jeux guerriers fêtent son élection.

Odin et Frigga, assis sur un trône à l'ombre d'un grand chêne, rêvaient aux caprices de la fortune et de la destinée.

— Frigga, ma bien-aimée, dit tout à coup Odin en prenant la main de son épouse; un jour, je te le jure, au lieu de tes dix mille sujets, tu verras le monde à tes pieds; car, vois-tu, au-delà de ces mers il y a aussi des hommes; il y en a encore par delà ces rochers; je prendrai la place de leurs rois!

— Odin, mon bien-aimé, s'écria Frigga, en élevant un bras vers le ciel, tu oublies que s'il y a des hommes par delà ces mers et ces montagnes, derrière ces nuages il y a un Dieu!

—J'abattrai ses autels, et je me ferai adorer sur leurs ruines!

Frigga regarda son époux avec tant d'orgueil, que

le cœur d'Odin qui battait d'ambition se mit à battre d'amour.

Et les chants des Ases redoublèrent, et les échos du rivage répondirent en chœur, et ceux de la montagne rendirent d'harmonieux soupirs!

— Enfant, reprit Odin véritablement heureux, jamais tu ne m'as expliqué le secret de ta naissance ; à toutes mes questions tu as répondu : « Je ne sais. »

— J'ai dit vrai, répondit Frigga laissant échapper un soupir. Mon enfance a été heureuse, les rochers sauvages que j'habitais formaient à mes yeux les bornes du monde; pour ami je n'avais ici-bas que mon père bien-aimé. Sombre et pensif, il ne m'adressait la parole que rarement. Un jour, ce souvenir m'épouvante encore! plus abattu que jamais il s'approche de moi : « Frigga, me dit-il, dix-sept hivers pèsent sur toi, tu peux te passer de moi maintenant. Tu connais les retraites les plus cachées de ces montagnes ; ton arc est sûr de ses coups ; forte, adroite et légère, tu ne crains l'approche d'aucune bête féroce, et jamais le pied de l'homme ne frappera ces rochers déserts. Adieu, ma fille! Je te quitte; ma vie s'est trop prolongée; ta mère est là qui m'attend. » Et son doigt me montrait le ciel. — Je ne comprenais rien à ce qu'il me disait. « Tiens, continua-t-il en me passant au cou une petite chaîne où pendait un couteau à fourreau de fer, garde ceci en souvenir de moi; cet objet fit mon malheur; vois, il y a du sang sur la lame. » — Des larmes jaillirent abondamment de ses yeux, sa voix entrecoupée de sanglots ne put se faire entendre, il me serra une dernière fois dans ses bras et s'élança sur un quartier de roche pendant sur un abîme; la pierre déjà fendue céda sous ses pieds et s'engloutit avec lui... Je tombai mourante à cette vue, et quand je revins à moi, les cieux, comme à cette heure, étaient parsemés d'étoiles. Seulement la nuit était plus sombre et le vent soufflait avec violence. Durant cinq années, j'ai continué de vivre ainsi; l'oubli, ce bienfait des puissances mystérieuses, calma ma douleur, et j'étais heureuse lorsque tu osas m'approcher, toi, bravant mes armes et ma colère.

Tout à coup, Frigga, qui souriait à Odin, aperçut un homme qui debout dans la foule fixait sur elle un regard douloureux. Ses yeux s'attachèrent irrésistiblement à ceux de l'inconnu. Odin étonné suit leur direction; il frissonne, il a reconnu Mimer!

Mais le fils des rois ne vient point réclamer son héritage :

— Odin, dit-il, me reconnais-tu?

— Toi, Mimer! — s'écrie le Scythe en dissimulant son inquiétude — toi vivant! O mon ami! que de remords ont déchiré mon cœur! Penché sur cette roche où je t'aperçus pour la dernière fois, la nuit m'a souvent surpris mêlant des larmes de désespoir aux flots où je te croyais englouti pour toujours.

— Oublions tout, dit Mimer.

Odin s'est retourné du côté de son amante dont les yeux expriment la surprise plutôt que le plaisir, et sa bouche murmure ces deux mots :

— Et Frigga?

Mimer l'a compris, il se hâte de le rassurer ;

— D'autres feux que ceux de l'amour ont embrasé mon âme ; comme toi je rêve la gloire ; des lauriers certains m'attendent ; en veux-tu la moitié?

Souriant à l'étonnement de son ami, il l'entraîne sur le haut d'une colline, et lui montre au fond d'une baie dont les eaux sont calmes vingt galères à l'ancre.

— Odin, dit-il, vois ces barques gigantesques, elles t'attendent toi et ton armée.

Et comme Odin cherchait à lire dans ses yeux :

— Tu ne comprends rien à mes paroles, ajouta-t-il, rentrons à Asgar, et je t'apprendrai le but de ma mission.

Odin donne le signal de la retraite. En allant vers Asgar, Mimer a repris :

— Tu t'étonnes, ô mon ami! du changement qui s'est opéré en moi? c'est que, vois-tu, je ne suis plus ce simple enfant de la nature que tu as connu si timide! Le génie de l'homme civilisé m'inonde aujourd'hui de sa lumière, et je bénis les dieux qui m'ont laissé vivre!

— Et comment, s'écrie Odin, as-tu échappé à la mort?

— Par un instinct de conservation je luttai longtemps contre les flots; les rives natales fuyaient toujours derrière moi, un rapide courant m'entraînait; je me laissais aller, et comme je me résignais à mourir enfin, voilà que des hommes montés sur une barque immense dont j'ai depuis appris le nom m'attirèrent à eux, et me sauvèrent. Ils me déposèrent au pied du mont Caucase et m'y abandonnèrent un soir, car ils furent soudainement obligés de s'éloigner de ce rivage infesté de pirates. Je ne te dirai point toutes mes souffrances, tu ne les croirais pas, et puis je te garde ce récit pour des temps où l'ennui te forcera de m'écouter; car en voguant sur les mers, on finit par se lasser de n'entendre que la voix des tempêtes et de ne contempler que le ciel et l'onde !

— Que dis-tu ?

— Ecoute-moi. Après avoir traversé des déserts brûlants, vécu trois ans parmi des peuples inconnus, je m'en fus dans des contrées plus belles, dont tu ne pourrais comprendre la description, si je te la faisais aujourd'hui, car tu n'as encore rien vu, ni rien rêvé qui leur ressemble. Dans ces contrées, je fis la rencontre d'un grand roi. Quand il m'eut longtemps interrogé sur mon pays et sur moi, une auréole d'espérance illumina son front : « Mimer, » s'écria-t-il d'une voix qui me fit agenouiller devant lui, « retourne au pays de tes pères, et transmets au roi des Scythes les paroles que je vais prononcer : « Mithridate, seul prince au monde qui ait pu jusqu'à ce jour lutter contre les Romains, peuple ambitieux et sanguinaire, offre son alliance au grand Odin. S'il a quelque amour pour la gloire, ce n'est point dans les contrées sauvages qu'il habite qu'il pourra la trouver ; je l'attends, mais qu'il se hâte. Entouré d'ennemis et de traîtres, infortuné guerrier et plus malheureux père, je ne pourrai résister longtemps aux dangers qui s'amoncèlent autour de moi ; qu'il se hâte, et si je meurs dans les combats ou accablé sous le fardeau de mes peines domestiques, la couronne de mon empire lui appartiendra ; le sauveur ou l'allié de Mithridate en sera plus digne que des enfants ingrats ! »

Odin voit tout à coup comme en un songe s'illuminer les horizons de l'avenir. On arrive à Asgar. Mimer verse des larmes de joie à l'aspect des lieux qui l'ont vu naître et où se sont écoulés ses plus beaux jours. Alors sa voix, qui depuis cinq années avait cessé de retentir aux rives natales, se mit à chanter un long cantique d'allégresse.

Asgar fut abandonné ; mais les Scythes en emportèrent le souvenir, et ce souvenir se poétisa. Lorsque le malheur les eut atteints, que la mort les eut décimés dans les contrées lointaines où à la suite de leur roi conquérant ils allaient chercher la gloire, Asgar, si paisible, si riant, couché au pied des vertes collines, non loin des sablonneux rivages d'une mer d'azur, s'embellit à leurs yeux de tout le prisme des choses passées, du bonheur évanoui, de la jeunesse qui n'est plus, et des joies si chères du foyer.

Dix années après, les habitants d'une petite ville de l'île de Fionie étaient plongés dans la plus profonde douleur. Un conquérant s'avançait à la tête de hordes forminables. Une habitation de simple apparence était entourée de jeunes hommes qui tous juraient d'en défendre l'entrée, tant qu'une goutte de sang resterait dans leurs veines. Dans l'intérieur se trouvaient deux femmes, l'une avait été belle; l'âge et le malheur l'avaient flétrie. L'autre, blanche et timide, se rapprochait de sa mère. Dix-huit ans était son âge; ses longs cheveux blonds tombaient en tresses d'or sur son beau sein; ses yeux étaient levés vers le ciel où ils semblaient avoir puisé leur azur. Qu'elle était belle! la douce Eveline, le corps ainsi penché sur sa vieille mère! Oh! elle était bien belle! Trop peut-être pour sa destinée.

Hedwige, elle aussi avait été belle, aussi belle que sa fille. A peine âgée de dix-sept ans, elle avait été aimée d'un jeune pêcheur nommé Lunrick. Il avait les traits expressifs et fiers. Hedwige ne remarqua point dans les yeux de son amant l'expression farouche qui les animait parfois, et se laissa séduire. Une année s'écoula pendant laquelle elle sembla heureuse : un enfant, une fille était venue sourire à son bonheur. Mais l'année suivante, on trouva sur la grève le cadavre mutilé de Lunrick, et près de lui la petite robe blanche de son enfant. Lorsqu'on reporta le corps à la demeure de sa compagne, un déchirant spectacle s'offrit à la foule. Hedwige, étendue sur la terre et baignée dans son sang, rendait presque le dernier soupir.

Elle revint cependant à la vie, mais jamais à la joie. Triste et morne, la tête penchée, on la voyait à vingt ans appeler la mort de tous ses vœux ; un impénétrable mystère couvrit de son ombre les affreux événements que nous avons dits, et malgré tout ce qu'on put faire pour lui arracher son secret, Hedwige se tut. Onze années après la mort tragique de Lunrick, elle accepta la main d'un pauvre laboureur de qui elle eut une fille qu'elle appela Eveline ; gracieuse et touchante consolation que lui envoya le ciel pour lui faire oublier la perte cruelle de son premier enfant. Peu de temps après, le bon laboureur expira dans les bras de sa compagne, que malgré tout son amour il n'avait jamais vue sourire; elle ne le regardait que comme un protecteur, un père. Comme tel, elle le pleura amèrement. Dix-huit ans s'étaient écoulés. sans évenement Eveline, belle et douce, avait grandi au sein d'une félicité parfaite ; tout le monde l'aimait. Aussi, dès que les lances des guerriers ennemis eurent brillé dans la plaine, le seul endroit que l'on pensa d'abord a défendre fut la demeure de la jeune fille et de sa vieille mère.

Dans le camp ennemi, sous une vaste tente, repose le premier chef de l'armée; à ses côtés, une femme est assise, ses regards distraits errent au hasard. Dans le coin le plus obscur, un scalde appuyé sur une harpe d'or, la tête couronnée de lauriers, regarde avec tristesse le soleil qui décline à l'horizon, et son front marqué de deux profondes cicatrices exprime une douloureuse pensée

— Voilà dix ans que je souffre, se disait-il, voilà dix ans que je combats sans pouvoir mourir. Oh! pourquoi la douleur n'est-elle pas homicide ?

Ses yeux se tournèrent vers la femme assise non loin de lui, et il soupira longuement. Désespéré, il jette un dernier regard vers les rayons mourants de l'astre du jour, et, comme malgré lui, laisse échapper un chant plaintif.

« Pourquoi fuis-tu, roi des cieux ! pourquoi fuis-
« tu ces campagnes et les ruines d'Asgar ? Que ne
« puis-je te suivre dans ta course glorieuse ! dispa-
« raître avec toi dans un nuage d'or et de pourpre !
« retremper au bonheur mon âme désolée et la voir
« briller d'une clarté nouvelle aux premiers rayons
« de l'aurore ! »

« Roi des cieux, donne pour moi un sourire aux
« ruines d'Asgar. »

Ses doigts ont fait une dernière fois vibrer les cordes de sa harpe et ses yeux levés vers le ciel se sont abaissés.

— Encore des chants plaintifs, des accents douloureux ! s'écria d'une voix de tonnerre le guerrier s'éveillant en sursaut. — Pourquoi troubles-tu mon sommeil ? n'ai-je pas assez de mes songes ?

Ces paroles ont chassé, comme une ombre, l'unique instant de bonheur que le scalde eût éprouvé depuis bien longtemps ; car, au moment où sa harpe cessait de gémir, deux yeux remplis d'enthousiasme et d'amour étaient fixés sur les siens.

Ces trois personnages étaient Odin, Mimer et Frigga.

Odin n'était plus le simple chef d'une peuplade inconnue au reste de la terre. Lorsqu'il arriva au bord du Tamaïs où Mithridate avait donné rendez-vous à Mimer, Mithridate avait cessé de vivre. Odin résolut de tenter seul le sort des combats. Il traversa le monde du sud au nord, laissant partout des traces sanglantes de son passage. Bientôt il imposa ses lois aux Scaniens, aux Goths, aux Saxons, aux Vandales. Il se fit élever des idoles et sacrifier des victimes humaines.

Frigga était la grande-prêtresse de son sinistre culte, et Mimer, qui détestait ses crimes, fut lui-même obligé de devenir son complice.

La gloire avait failli à l'âme tendre de Mimer. L'amour était revenu à son cœur, plus ardent de dix années de combats. Scalde chantant des hymnes de victoire, il célébra les trophées d'Odin, ce sujet de génie qui portait sa propre couronne, et modela d'harmonieux soupirs en l'honneur de Frigga, femme dédaigneuse qui partageait son trône avec un rival.

Odin, en instituant les scaldes, l'avait nommé

le chef de ces chanteurs guerriers qui créèrent cette poésie du Nord si sublime dans son âpreté, et dont s'inspira le génie d'Ossian.

Le temps, au lieu d'éteindre les feux de ses premières amours, leur avait donné plus de force encore. Il sentait revenir comme autrefois les élans d'une rage insensée; puis, une douce mélancolie qu'il épanchait en accents plaintifs succédait à ses transports.

C'est dans un de ces jours de défaillance que nous le retrouvons sous la tente d'Odin.

Comme nous l'avons dit, le roi venait de s'éveiller, en reprochant à Mimer les plaintes qu'il exhalait. La tristesse d'autrui l'irritait. Odin avait souvent ressenti les tourments du remords. Mimer n'avait répondu que par un soupir à ces paroles accoutumées :

— Pourquoi troubles-tu mon sommeil? N'ai-je pas assez de mes rêves?

— Odin, s'écria-t-il, vois comme le jour s'obscurcit; le voile de la nuit commence à s'étendre sur les campagnes de Fionie, et les brouillards de l'Océan se mêlent aux nuages sombres du ciel; l'heure du combat approche : ai-je eu tort de t'éveiller?

— Il est vrai, dit Odin ; mais pourquoi ne m'avoir pas appelé par un chant guerrier ? Je dors mal sur un lit de roses ; je m'éveille mal aux doux accents de l'amour !

Bientôt un combat terrible se livrait sous les murs de la ville. Celui-ci fut comme tous les autres, sans merci. Et Odin fut vainqueur. Mais, au milieu de cette ville livrée aux flammes, une maison résistait encore. Deux cents hommes, l'élite de la nation, la défendaient et faisaient reculer les plus hardis. Ce fut presque un nouveau siége pour les soldats d'Odin ; ils triomphèrent cependant. Odin, se précipitant à leur tête, franchit le seuil jonché de morts... Il entre, ô surprise ! cette enceinte, où il croyait trouver tous les trésors de Fionie, n'offre à ses regards que la simple demeure de deux femmes ; interdit à l'aspect de la beauté de l'une et de la noblesse de l'autre, il s'arrête, son bras levé retombe... Quelques jeunes hommes échappés au massacre profitent de ce moment de stupeur et se précipitent sur lui ; Odin voit couler son sang ; furieux, il s'élance... Son glaive va frapper la malheureuse Hedwige. Mimer, plus prompt que la foudre, épargne un nouveau crime à son ami ; son bras meurtri a détourné le coup.

Éveline, que poursuivaient les Scythes, se jette aux pieds du sauveur de sa mère et l'entoure de ses bras nus. La nuit était sombre, mais la lueur de l'incendie éclairait cette scène mieux que ne l'eût fait le soleil. Mimer la regarde et l'admire... Les yeux suppliants de la jeune fille avaient une expression tellement sublime de reconnaissance et d'effroi, qu'à la vue de tant de charmes le scalde ne put s'empêcher de murmurer comme en un songe :

— Eh quoi ! plus belle encore que Frigga !...

Odin aussi la voit. Il jette au loin son glaive et présente à Éveline sa main sanglante.

Mais Éveline le repousse avec horreur; ses yeux se tournent reconnaissants et tendres vers ceux de Mimer ; puis, abattue par tant d'émotions, la belle Fionienne s'évanouit dans les bras du scalde étonné.

Déjà sur les ruines de la ville dévastée s'élevaient de nouvelles murailles. Odin avait résolu de fixer enfin le siége de son empire. Il releva la ville conquise, et de son nom l'appela Odensée. L'intérêt de son repos n'était pas le seul dans cette résolution, un amour brûlant s'était emparé de lui : les dangers ne pouvaient plus lui faire oublier Éveline. Pareil au chêne mourant sous les glaces de l'hiver et qu'un beau jour de printemps fait renaître, Odin se sentit rajeunir aux rayons dorés de ses nouvelles espérances. Ses mains à elle ne sont pas souillées de sang; dans ses yeux point de larmes arrachées par d'amers regrets, et dans son cœur, que nul rêve d'amour n'a fait battre encore, pas une pensée qui ne vienne du ciel!

Quelque temps après que Éveline et Hedwige étaient tombées entre les mains du roi des Ases, la jeune fille, revenue de ses frayeurs mais non de ses regrets, était tristement assise auprès d'une fenêtre du palais. Ses yeux fixaient le ciel; elle se souvenait. La nuit arriva: Éveline, rappelée à elle-même, se levait pour se retirer, lorsque la porte de l'appartement s'ouvrit; Odin parut. La jeune fille ne put retenir un cri, trop faible cependant pour réveiller sa mère endormie sur sa couche. Odin, doux et soumis, s'avança avec précaution.

— Éveline, dit-il, pardonne si j'ai osé pénétrer jusqu'à toi; mais pourquoi rougir et pâlir tour à tour? Odin n'est pas ce que l'a fait la renommée. Que ne donnerait-il pour te rendre la plus heureuse femme du monde!

Une larme brilla dans la paupière de la jeune fille.

— Ah! s'écria-t-elle, pourriez-vous jamais me rendre ceux que j'aimais et que vos coups m'ont ravis?

— Cette enfant aurait-elle déjà connu l'amour? se dit Odin; adieu mes chimères, alors!

Puis, admirant ce front chaste, ce regard limpide, ces lèvres transparentes et roses que le seul zéphyr a pu effleurer de son haleine en les laissant si pures, il se prit à sourire et à la fixer avec délices. Éveline troublée baissait les yeux; Odin, craignant de l'embarrasser par un trop long silence, lui parla:

— Tu me reproches, lui dit-il, de t'avoir enlevé tous ceux que tu aimais; et, pourtant, regarde ta mère; n'est-elle pas là près de toi, comme jadis?

— Ce n'est pas à vous que je dois le bonheur de la voir encore! s'écrie Éveline avec amertume, ce n'est pas vous que je remercie!... — mais ce guerrier qui arracha ma mère à vos barbares mains; oh! s'il était là, je me jetterais à ses pieds, et je lui dirais: Héros, le ciel t'a donné la force et le courage, tu as bien su t'en servir, les dieux t'en récompenseront!

Éveline en prononçant ces naïves paroles semblait inspirée; l'expression de ses traits étonna Odin qu'un soupçon vint agiter : il se retira pensif.

Frigga, dès le lendemain de la prise de la ville, s'aperçut du nouvel amour qui tourmentait l'âme d'Odin, et elle pensa qu'Éveline aurait sans doute le sort d'Ulalie; Ulalie, fille du roi des Scaniens, qui avait été trois ans sa maîtresse! Séduite et trompée comme Frigga, mais moins courageuse, plus aimante peut-être, elle mourut de désespoir. Chaque jour, l'idole de Mimer s'éloignait du palais et parcourait seule les montagnes ou le rivage, écoutant tour à tour les bruits des cascades ou les mugissements des vagues écumeuses qui mouraient à ses pieds.

Pauvre Frigga! tu n'es plus ce que tu fus jadis! Ton règne est passé! Déjà les traits de ton beau visage se flétrissent, tes joues pâlissent, et l'orbite de tes yeux magiques se creuse et se ternit! Ta voix, si forte et si belle dans les champs d'Asgar, ne rend plus sur les montagnes de Fionie que de faibles sons emportés par le zépyhr, avant de s'être élevés vers le ciel!...

Et toi, Mimer, pourquoi tantôt triste et rêveur sur

le rivage solitaire, tantôt souriant et heureux, ton regard cherche-t-il à s'étendre au delà de ce vaste horizon que bornent les mers? Qui peut expliquer ton âme, homme, dont la pensée fugitive change de forme et d'objet plus vite que l'éclair ne descend du ciel! qui, dans un rêve d'amour, voit tout à coup paraître un fantôme sanglant ou la faux de la mort qu'une nouvelle pensée fait fuir à son tour, et change en un souvenir d'enfance, en une illusion déçue, en un songe de gloire!...

Ainsi depuis longtemps s'égarait l'esprit de Mimer, mais surtout depuis qu'il avait vu Éveline. Les passions fortement comprimées en lui dans sa jeunesse, d'abord par l'amour qu'il avait ressenti pour Frigga, ensuite par ses pensées de gloire, puis encore par son constant délire pour la femme d'Odin, voulaient enfin s'exhaler et bouillonnaient dans le cœur du malheureux scalde, agitées de toutes leurs puissances. Éveline l'entourant de ses bras au milieu d'une affreuse mêlée! Ses yeux qui plongeaient dans les siens, sa belle chevelure d'or ondoyant sur son sein palpitant qu'il voyait encore se soulever, bondir et s'abaisser comme une lame de l'Océan, était un souvenir qui ne lui laissait plus de repos ; et chaque fois maintenant qu'il voulait songer à Frigga, l'image d'Éveline se mêlait à celle de sa bien-aimée ; dans son esprit, c'était la bouche de l'une qui pressait ses lèvres, et les bras de l'autre qui l'étreignaient ; la chevelure noire et embaumée de Frigga qui effleurait ses joues, et le sein d'Éveline, tel qu'il l'avait admiré pour la première fois, qui palpitait sur son cœur.

On était au milieu de l'été ; le soleil, ordinairement pâle dans ces froids climats, brillait de tous ses feux. Frigga, appuyée sur un quartier de roche, se détachait de ce monde et de ses misères, ses yeux fixaient un nuage auquel son imagination se plaisait à donner mille formes ; son corps était sur la terre, elle était dans le ciel.

— A qui m'adresser dans ma douleur ? se disait-elle tout bas ; à qui me plaindre ? à qui demander une parole consolante ? Hélas ! je suis seule ; et dans les cieux où je plonge en vain mes regards, aucun signe d'espoir pour une autre vie ! aucune voix qui me soutienne dans celle-ci !... Mon père !... ma mère !... où êtes-vous à cette heure ?... En rendant le dernier soupir, n'avez-vous exhalé qu'un vain souffle de vie qui s'éteint avec le corps qu'il n'anime plus, ou bien errez-vous bien loin de la terre, et, pareils à l'étoile qui scintille, planez-vous au-dessus des mondes ?

Entraînée alors dans un de ces abîmes de réflexions que Dieu seul peut éclairer :

— Non, pensa-t-elle, il est impossible que tant de beautés soient l'œuvre du hasard, et pourtant le culte d'Odin est mensonger, les peuples que j'ai vus courbés sous de vaines idoles se trompaient aussi ; nous avons impunément renversé leurs autels ! Que penser ? Que croire ? Cette terre où je marche, cet astre qui m'éclaire, ces nuages qui s'étendent au loin et montent vers le ciel comme la fumée d'un sacrifice ; enfin, ce ciel lui-même dont la voûte n'offre point de bornes à mes yeux, tout cela garde son secret !... Oh ! si nul esprit mystérieux, invisible, ne présidait aux destinées de l'humanité, nous pourrions tout pénétrer sans obstacle ; car si l'homme ne peut expliquer le hasard, il peut du moins le comprendre ; ici son esprit échoue tout entier, il ne peut ni expliquer, ni comprendre.

Elle posa sa main sur son cœur et sentit le fer du couteau que lui avait légué son père ; elle replongea son esprit dans un nouveau chaos de conjectures aussi vague que le premier. Le secret de sa naissance était une douleur poignante à son âme pleine de doutes. Sortant enfin de sa rêverie, elle baisse les yeux et aperçoit près d'elle la belle et noble figure de Mimer; la tristesse est sur son front, l'amour le plus ardent se peint dans ses yeux, un sourire de crainte et d'espoir erre sur ses lèvres : le scalde timide s'approche.

— Prêtresse d'Odin, s'écrie-t-il, que faisiez-vous donc seule en ces lieux ?... Pourquoi ces larmes ? Quelle pensée triste peut assombrir ainsi votre âme ?

Frigga se tait, un charme inexprimable la retient immobile à la même place, une muette contemplation l'empêche de répondre; Mimer, tremblant d'émotion sous ce regard de flamme qu'il avait si souvent rêvé, sent renaître les feux délirants de sa passion.

— Frigga, s'écrie-t-il, Frigga, m'aimes-tu ?...

Et la parole expire sur ses lèvres; il craint d'en avoir trop dit, il voudrait en dire davantage. Frigga se sent attendrie; il y avait tant d'amour dans cette brusque question !

— Mimer, dit-elle, en se rapprochant du scalde et

avec le plus doux accent de reproche, pourquoi me parler ainsi?

— Demande à ce globe de feu pourquoi il éclaire le monde! s'écrie Mimer avec exaltation; — demande au vent impétueux d'où vient qu'il se plaint dans la cime des forêts!... Frigga, chaque être ici-bas a sa destinée fatale écrite là-haut, la mienne est de t'adorer jusqu'au dernier souffle de ma vie!

— Mimer, le ciel nous voit et nous entend, répond Frigga en baissant vers la terre ses yeux superbes qui émurent tant de fois le scalde d'Odin. — Est-ce donc à moi à t'apprendre mon amour? n'aurais-tu pas dû depuis longtemps le deviner?

Et sa voix devenait plus timide à mesure qu'elle parlait. Elle poursuivit:

— Aux heures mêmes où mon regard sévère venait arrêter sur tes lèvres l'aveu prêt à s'en échapper, si tu savais comme mon cœur bondissait dans ma poitrine!... Ah! j'ai tort de parler ainsi! Tant qu'Odin a été fidèle à ses serments, j'ai été fidèle aux miens, je lui aurais même pardonné de m'avoir fascinée, de m'avoir initiée à des crimes dont je frémis! et pourtant depuis que, dans vingt combats, j'avais vu fuir devant toi les ennemis de nos frères, depuis que j'avais vu ta valeur égaler celle d'Odin, Mimer, je t'aimais !

— Frigga, s'écrie Mimer en enlaçant de ses bras le corps de la prêtresse, le silence règne autour de nous, le vent a cessé d'agiter les arbres de la vallée, tout fuit, tout se tait ; les daims ont regagné leurs gîtes, les oiseaux leurs nids, et derrière la côte opposée descend le flambeau du monde. Ne dirait-on pas que la nature s'est recueillie pour entendre nos paroles d'amour?

En s'exprimant ainsi, il avait doucement entraîné Frigga dans une grotte aboutissant à quelque abîme inconnu. L'on n'entendit plus bientôt que quelques soupirs d'amour s'unissant aux vagues harmonies du désert !...

Cependant Éveline devenait plus triste. Hedwige, qu'une douloureuse maladie consumait lentement, attribuait la mélancolie de sa fille au chagrin qu'elle devait en éprouver. Sans doute, Éveline regrettait sa mère, mais une autre douleur usait son âme, brisait sa vie ; elle connaissait l'amour d'Odin, elle savait qu'il l'aimait comme un insensé ; cette pensée l'accablait, car si quelquefois dans ses rêves un mot d'amour s'était exhalé brûlant de ses lèvres, ce n'était point au roi des Ases qu'il s'adressait !...

Éveline se promenait librement dans les jardins d'Odensée. Un jour qu'Odin avait été plus passionné que jamais, la jeune fille désespérée était sortie la tête remplie de projets sinistres ; elle voulait fuir, le souvenir de sa vieille mère qu'elle abandonnait l'arrêta ; alors elle invoqua le ciel ; dans ses prières l'image de Mimer lui sourit, et donna un autre cours à ses pensées. Soudain, son cœur bat avec violence ; puis, comme entraînée malgré elle, elle marche quelque temps à travers les arbres, et s'arrête bientôt devant un vaste édifice ; à l'entrée vient de s'asseoir un scalde ; il cache son front dans ses mains. Une minute s'est à peine écoulée, qu'un guerrier sort de l'enceinte ; la jeune fille reconnaît Odin, et frissonne. Le scalde a relevé la tête, c'est Mimer. Défaillante, Éveline s'appuie à un tronc d'arbre qui la cache aux yeux du roi.

— Mimer, s'écrie Odin en posant la main sur l'épaule de son ami, pour quelque temps tu vas être roi d'Odensée ; des guerriers inconnus débarquent en foule sur les rivages de Fionie, qu'ils veulent, disent-ils, m'arracher ; lorsque le soleil aura quatre fois brillé sur nos têtes, je marcherai contre eux.

A dater de ce jour, tu passeras la nuit dans ce temple, je t'en confie la garde.

Une soudaine altération se répandit sur les traits de Mimer, sa bouche ne put retenir ces paroles :

— Et Frigga?

Son esprit se reportant alors à onze années, il se souvint qu'un jour, aussi, Odin lui avait fait cette question d'une voix tremblante dans les champs d'Asgar.... Odin répondit avec indifférence :

— Frigga restera, j'ai d'autres bourreaux.

La rougeur de l'indignation monta au front de Mimer.

Trois jours s'écoulèrent pendant lesquels Éveline désespérée par Odin qui menaçait maintenant, et devenue folle d'amour depuis qu'elle avait revu Mimer, résolut enfin de mourir ou d'être heureuse.

La nuit s'étendait obscure sur les campagnes de Fionie; les habitants d'Odensée rentraient chez eux en grande hâte, car il faisait froid dehors; et cependant sur la montagne un homme aux pieds d'une femme prononçait des paroles d'amour, auxquelles répondait avec passion une voix harmonieuse. De funestes pensées venaient troubler parfois le bonheur des deux amants.

— Je ne sais quel pressentiment m'épouvante, disait Frigga en se pressant avec plus de force contre Mimer, mais il me semble que cette nuit cachera dans ses ténèbres plus d'un horrible mystère. Pourquoi tremblé-je ainsi près de toi ? moi jadis si forte, si courageuse, j'ai peur maintenant. O Mimer ! le ciel m'est témoin que je t'aime plus que ma vie; serait-ce donc là ce qui m'effraye ?

— Ma bien-aimée, répondait Mimer, en entourant de ses bras la prêtresse, pourquoi d'aussi sombres pensées quand tout semble nous sourire ? L'obscurité du ciel ne présage aucun malheur, elle sert à nous cacher aux yeux des hommes. Les tempêtes sont pour nous et le bouleversement de la nature me réjouit près de toi. Entassez-vous, nuages sombres, et que vos masses épaisses dérobent aux yeux des dieux mêmes nos mystérieuses amours !

Ainsi causaient les deux amants, lorsque la pluie tombant avec force vint les arracher l'un à l'autre. Ils descendirent rapidement la montagne; arrivés sous les murs du palais, un dernier baiser s'évanouit dans une dernière étreinte, et ils se séparèrent en se disant:

— A demain.

Mimer, après avoir traversé les jardins, arriva sous le péristyle du temple commis à sa garde; ses pas retentirent sur les dalles et s'arrêtèrent peu d'instants après au pied de l'autel.

Dans une chambre du palais reposait tranquille la mère d'Éveline; le calme de son visage ridé contrastait avec l'air soucieux de la jeune fille qui veillait près d'elle.

Éveline! que de souffrances ont dû dévorer ton cœur, pour que tant de pâleur ait remplacé si vite les roses de ton visage!

Morne et sans expression, cette tête céleste n'était plus reconnaissable; les yeux d'Éveline étaient fixes; immobile et raide, son corps se tenait droit auprès du lit d'Hedwige, comme une ombre errante autour d'une couche funèbre. Tout à coup, une expression de vie agita les traits de la jeune fille, son bras nu se dessina dans la demi-obscurité de l'appartement, et sa main blanche et effilée saisit avec précaution une petite lampe presque éteinte. Une dernière fois, elle tourna les yeux vers sa mère, prononça quelques mots inintelligibles, et après un grand effort sur elle-même glissa lentement sur le parquet, et disparut derrière la porte qui se referma sans bruit. Arrivée dans la galerie au bout de laquelle était le grand escalier du palais, elle s'arrêta indécise, tremblante, posa sa lampe à ses pieds, s'appuya contre une colonne, et réfléchit longtemps.

— Irai-je ? se disait-elle en levant ses beaux yeux vers le ciel. — Oh ! je ne pourrai jamais !.... Il le faut cependant.

Et rassemblant toutes ses forces, elle reprenait sa lampe ; mais le vent soufflant avec plus de violence, et la grêle tombant avec fracas, arrêtaient de nouveau son courage, affaiblissaient sa résolution.

Cependant, la tempête semblait devenir moins terrible ; Éveline était dans un de ces moments d'indécision cruelle, où, de deux dangers également grands, on ne sait lequel choisir, et où il ne faut cependant qu'une crainte, qu'un espoir donné par une cause étrangère pour faire prendre un parti. Ses regards se portèrent vers l'autre bout de la galerie ; elle aperçut une faible clarté ; s'avançant alors lentement, elle écouta, et entendit des pas ; bientôt le bruit devint plus distinct. Craignant d'être surprise, elle franchit d'un bond l'espace qui la séparait de l'escalier, descendit avec la rapidité de l'éclair, et se trouva hors du palais. Éveline venait à peine de disparaître dans l'obscurité qu'Odin fut là, pâle et agité ; une vague frayeur semblait s'être emparée de son esprit, ses yeux étaient hagards, et roulaient dans leur orbite dilaté ; il s'écria :

— Ombre d'Ulalie, est-ce toi qui errante dans mon palais viens me reprocher ta destinée ?

Et, comme s'il croyait se délivrer de ses terreurs, il plongea ses regards dans les ténèbres ; mais ses membres tremblèrent, ses dents claquèrent avec plus d'intensité, ses cheveux se dressèrent d'épouvante ; impuissant à se contenir, il s'enfuit.

Qu'avait-il vu ?

Rentré dans son appartement, il écoute, n'entend rien, et s'assied.

— Insensé ! dit-il en essuyant les gouttes de sueur froide qui inondaient son visage, ce que j'ai entendu était le sifflement de l'ouragan ; ce que j'ai cru voir, une simple illusion de mon cerveau. Je suis maudit ! Tout le monde m'abandonne, Frigga me hait, Mimer me fuit, Éveline... Éveline, oh ! c'est d'elle surtout que je voudrais être aimé !...

Il se tut ; croyant entendre un bruit étrange, il tressaillit.

— Pourquoi donc ces terreurs que je ne puis comprendre ! se dit-il en écoutant encore, et mille idées confuses se heurtaient dans son esprit....

Après s'être raffermi il se souvint que pour cette nuit, la dernière que, de quelque temps du moins, il devait passer à Odensée, il avait formé un projet ; il songea à l'accomplir ; après s'être promené un instant, il se rassit de nouveau, et dit, comme entraîné par la force de la passion :

— Eh quoi ! moi, le roi de tant de peuples, le dieu des Scythes ! je souffre les tortures du remords ?.... Oh ! si l'on me croyait ainsi en proie à d'humaines émotions !... Il le faut, reprit-il après un long silence, qu'elle meure, ou que je sois heureux !....

Il sort à ces mots, regarde avec hésitation autour de lui, puis s'avance dans l'obscurité ; bientôt dominant un reste de terreur, il arrive au bout de la galerie où se trouve l'appartement d'Éveline et de sa mère. Près de la porte une lampe expirante jette une lueur incertaine : Odin sourit de pitié en se souvenant que c'était cette lumière qui l'avait tant effrayé. Il entre. O surprise ! Eveline est absente.... Un long soupir se fait entendre dans la pièce voisine, et une voix dit :

— Eveline, est-ce toi ?

Odin reconnaît la voix d'Hedwige ; modérant son émotion, il se retire plus doucement encore qu'il n'est entré. Un second soupir, mais que ne suivit aucun autre bruit, vint annoncer à Odin qu'Hedwige se rendormait tranquille.

Déçu dans ses espérances, il s'élance sans savoir où il va, et parcourt des heures entières, et au hasard, les jardins du palais. Soudain, un rayon de lune, se détachant des nuages, lui fait entrevoir dans le feuillage une ombre blanche dont la course rapide se dirige vers le palais : il la poursuit ; mais, semblable à un météore trompeur, le fantôme s'évanouit. Interdit, Odin se demande s'il a bien vu…. sombre comme le ciel de Fionie, il rentre, et parcourt des yeux la galerie ; aucune lumière n'y brille plus….. Il en fait la remarque et se dit tout bas :

— Je veux pénétrer ce mystère…

Dès l'aurore, des guerriers parcouraient Odensée, et ces mêmes hommes, qui la veille étaient plongés dans la plus molle indolence, voyaient pleins d'ardeur se rouvrir la lice des combats. Bientôt le tumulte cessa, les bataillons se formèrent, les scaldes firent entendre leurs chants belliqueux, et l'armée se mit en marche.

Sur un balcon du palais dominant la ville et les campagnes, Mimer regardait tristement se déployer cette longue file de guerriers, et son cœur bondissait aux accents de ses frères. Frigga, qui était à ses côtés, devina sa pensée.

— Pourquoi soupires-tu? lui dit-elle, regretterais-tu de rester près de moi?

Cette voix donna un autre cours aux pensées du scalde; une larme jaillit de ses yeux, et ses lèvres prononcèrent malgré lui mais bien bas le nom d'Eveline...

Dans ce moment, un guerrier arrêta devant eux le galop de son cheval, fit un signe, et deux hommes sortirent du palais; le plus âgé s'approcha de lui; après quelques paroles échangées à voix basse, le cavalier reprit sa course, et bientôt l'on ne découvrit plus dans le nuage de poussière qui l'environna que la rouge aigrette de son casque. Les deux amants se regardèrent, et prononcèrent le même nom :

— Odin.

Un silence morne avait succédé au bruit. Le soleil au milieu de sa course dardait ses rayons sur les rivages de Fionie. Mimer et Frigga, tous deux couchés sur un lit de repos, s'abandonnaient à leur amour.

— Odin est loin maintenant, disait la prêtresse, te voilà roi pour longtemps, peut-être !

— Qu'importe désormais? reprit le scalde; si jadis j'avais soif de gloire, c'était pour remplacer les feux de l'amour ; mais aujourd'hui !...

Et Mimer, sans plus se souvenir du mouvement de son cœur au départ de l'armée, se persuada qu'il n'aimait plus la guerre... Puis, tout à coup, redevenant triste, il laissa tomber ces paroles :

— Pauvre Éveline !

— Eh bien ! s'écria Frigga étonnée.

— Odin l'aime, dit Mimer troublé, je la plains...

— Tu as raison, reprit Frigga avec un soupir, Mais que nous importe tout cela ?... Me crois-tu donc jalouse? est-ce là ce qui te rend rêveur?... Oh ! mais, ne sais-tu pas que je n'aime plus Odin ?... Si c'était de toi qu'Eveline fût aimée, alors, oui, oh ! oui je pourrais l'être, jalouse, car je t'aime comme jamais femme n'a aimé ! je t'aime, non-seulement pour ton courage et ta beauté, mais parce que *clémence et grâce* furent toujours les mots que tu crias sur les vaincus ! J'admirai Odin parce qu'il était invincible, et lorsque je fus revenue de mon long rêve, je l'abhorrai parce qu'il était cruel. Je t'ai admiré, toi, parce que tu es invincible comme Odin ; je t'ai aimé parce que ton âme est noble et grande. Oh ! oui, je serais jalouse, et plutôt mourir mille fois que de te savoir infidèle !

En parlant ainsi, Frigga serrait Mimer contre son cœur avec délire, et comme il la repoussait doucement, elle reprit en se penchant sur lui avec plus de force, et comme si elle eût craint qu'il ne lui échappât :

— Tu sais bien, n'est-ce pas, qu'il vaudrait mieux me tuer ?

La nuit arriva rapide et sombre ; les deux amants se séparèrent, Frigga comme l'avant-veille, triste et préoccupée d'une crainte vague ; Mimer, plus triste que jamais. Pourquoi ce nuage dans leur vie d'amour et de paix ! Était-ce un secret avertissement de la fatalité ? et leurs fronts qu'agitaient tour à tour la joie et la mélancolie, pareils aux mers dont la surface se ride au premier souffle de l'aquilon avant de s'élever aux nues, annonçaient-ils un orage prochain de douleur, de désespoir ?...

Mimer traversa lentement le péristyle du temple, et après avoir jeté un coup d'œil à la voûte calme du ciel, il entra dans l'enceinte. Deux heures s'étaient à peine écoulées, qu'une femme apparaissait dans le temple et s'avançait vers lui.

— Elle encore! dit-il, et son cœur battit avec force.

Éveline, sans proférer une parole, lui prend la main et le contemple avec amour... Le scalde, sous le charme d'une douce magie, demeure fasciné par le regard de la jeune fille : la nature est plus forte que lui.

— Éveline, dit-il, pourquoi venir ainsi agiter mon âme? crois-tu qu'il y ait au monde un dieu capable de résister à tes charmes?

— Mais tu es plus qu'un dieu! s'écria Éveline dans la sublime exagération de son amour naïf.

— Tu me reproches, reprit-elle, de troubler ton âme?... Hélas! depuis que je t'ai vu, qu'est devenue la mienne?

— Qu'elle est belle! murmura l'infortuné scalde, sentant l'haleine suave d'Éveline passer sur son visage comme un souffle brûlant de volupté!

La fille d'Hedwige continua.

— Oh! laisse-moi t'aimer! je le sens, je n'existe plus que par toi, mon âme, séparée de la tienne, serait anéantie par la douleur. Oh! laisse-moi t'aimer ! et je serai ton esclave soumise ! mon unique bonheur désormais est de te voir, de t'entendre ! mon être t'appartient ! et en retour de tout cela je ne veux rien, je ne demande rien, que de ne pas être repoussée, lorsque je te dirai à genoux : Oh ! laisse-moi t'aimer !...

Mimer ne résiste plus à l'entraînement de cette voix pénétrante, il entoure de ses bras la taille souple d'Éveline, qui plie comme un roseau sous cette ardente étreinte ; un cri de douleur s'échappe de ses lèvres, et pourtant elle se trouve heureuse, car elle se croit aimée. En cet instant, un bruit de pas et de voix se fait entendre. Mimer, revenu à lui, songe au danger ; déjà il ouvrait la porte d'un réduit secret, lorsque ces paroles prononcées au-dehors frappent son oreille :

— C'est ici qu'on nous a dit d'attendre, je crois ?
— Oui, répond une seconde voix d'homme.
Tout rentra dans le silence.

Le plus grand trouble agite Mimer, il s'épuise en conjectures. A-t-on épié sa conduite ? Éveline a-t-elle été vue et suivie ?... Toutes les angoisses de l'incertitude l'obsèdent. Odin aimait Éveline ; la jeune fille le lui avait appris la veille, lorsqu'elle était venue lui demander pour toute joie de le voir et de lui parler, d'épancher dans son cœur bon et compatissant les douleurs de son âme. Combien il regrette maintenant d'avoir été trop faible! Si Odin sait tout, quels ne seront pas les effets de sa vengeance! Il frémit, mais ce n'est pas pour lui-même. Les deux hommes qui étaient dehors parlaient à voix basse. Espérant surprendre leur secret, Mimer entr'ouvre un portique; il les voit et les entend. La lune, frappant d'aplomb sur leurs cuirasses luisantes, fit reconnaître au scalde deux soldats de la garde d'Odin. L'un était jeune et étranger, l'autre vieux, mais robuste : c'était un enfant d'Asgar. Partout il avait suivi l'armée, et partout il s'était distingué dans les combats. Jadis simple berger dans les vallons de la Scythie, il était le conteur bien-aimé du pays; il avait conservé dans l'armée son ancienne profession.

— Par les délices de Valhalla! s'écrie le jeune homme, je suis heureux qu'on t'ait choisi pour me tenir compagnie, vieux conteur! dis-moi quelque chose d'intéressant, car je sens ce que j'appelais avant de vous connaître les pavots du dieu Morphée s'appesantir sur mes paupières.

— Ami, je suis triste ce soir, mes récits ne sauraient t'amuser, ils seraient sombres comme mes pensées.

— Qu'importe? répond le jeune homme, parle toujours.

Après quelques hésitations, le vieillard commença. Mimer, voyant que ce qu'ils allaient dire ne touchait en rien à ce qu'il voulait savoir, retomba dans ses accablantes réflexions; Éveline écouta.

— Un jour, disait le Scythe, je descendais la montagne; devant moi allait le troupeau que m'avait légué mon père, je chantais gaiement un refrain du pays, lorsque, tout à coup, du sein des vagues soulevées par une tempête, je vis sortir un homme tenant dans ses bras un enfant dont les paupières semblaient s'être fermées pour toujours. Cet homme s'agenouille, lève les yeux vers le ciel comme pour le remercier de son heureuse délivrance, et tombe évanoui sur le sable. Je le portai, ainsi que son enfant, dans ma cabane; bientôt la flamme de mon foyer ranima ses membres engourdis, et il put me remercier de mes soins. Sa première parole fut pour demander où était sa fille; je la lui montrai couchée sur une natte de joncs; ses yeux noirs s'ouvrirent à la voix de son père, et ses lèvres s'épanouirent. Quand vint la nuit, je leur abandonnai ma cabane, la seule qu'il y eût alors sur la plage, car depuis qu'Anrick le pirate ravageait ces côtes, nul pêcheur n'avait osé y rester; ceux qui, plus hardis, s'étaient hasardés sur les flots, n'avaient plus reparu.

Je fus donc obligé d'aller coucher à Asgar. Le lendemain j'eus le bonheur de voir mes hôtes aussi bien portants que moi. J'examinai attentivement la figure de l'inconnu; elle était belle, ses yeux étaient noirs et expressifs. Son front ridé avant l'âge décelait une âme forte, mais que les passions et le malheur devaient avoir mise à de rudes épreuves.

— Étranger, lui dis-je, quelle est ta patrie?

Il me regarda un instant comme étonné d'une question aussi subite, et me répondit d'une voix triste :

— Le monde, désormais!

Je ne compris pas bien ces paroles, et je repris.

— Qui t'a forcé d'affronter les mers?

— Le malheur!

Et sa main s'éleva vers le ciel.

— Qui t'a conduit vers ces côtes?

— Les tempêtes! s'écria-t-il.

Et une larme brilla dans ses yeux.

Je le regardai de nouveau. Une pensée qui ne m'était pas encore venue traversa mon esprit.

— J'ignore encore d'où tu viens, lui dis-je, mais si tu n'as jamais foulé cette terre, comment se fait-il que notre langage te soit familier?

— Regarde cette mer, s'écria-t-il, en étendant une main vers le rivage ; il y a trois ans que je la parcours.....

— Eh bien ! lui dis-je, voyant qu'il n'achevait pas sa pensée.

— Puis-je dire mon nom ? Puis-je compter sur la foi de l'hospitalité ?

— Tu le peux, répondis-je fièrement.

Il me serra la main, et prononça d'une voix sourde ces mots qui bouleversèrent mon âme :

— Je suis Anrick le pirate !!!...

La nuit arriva, et alors, pendant que sa fille dormait, il me parla ainsi :

— Pêcheur, tu m'as donné l'hospitalité, tu as droit à ma confiance, écoute le récit de mes malheurs, et lorsque tu l'auras entendu, tu me plaindras peut-être. Mon pays t'est inconnu, qu'il te suffise de savoir qu'il est bien loin au-delà des mers.

Simple pêcheur comme toi, j'épousai à vingt ans une jeune fille, je l'aimais avec idolâtrie ! pour mon malheur j'étais jaloux, jaloux avec frénésie. Une année s'écoula, rien n'avait éveillé de soupçons dans mon âme; la naissance d'une fille rendit mon bonheur plus profond. Un soir, au retour de la pêche, je rentrai harassé de fatigue ; j'ouvris doucement la porte de ma demeure, et à la clarté mourante du foyer, j'aperçus celle que j'aimais tant dans les bras d'un homme. A cet aspect je jetai un cri de rage ; sans écouter les paroles de celle que je croyais coupable je la repoussais violemment, lorsque le nom de Luvis frappa mon oreille. Ce Luvis était un parent éloigné de ma femme. On l'avait exilé du pays sous peine de mort s'il y rentrait, parce qu'un jour, dans un moment d'ivresse, il avait renversé les autels que le peuple adorait. Mon transport se calma. J'avais beaucoup connu Luvis autrefois, et j'avais été touché de son infortune.

Anrick s'arrêta un instant pour réfléchir, comme s'il avait oublié quelque chose d'important dans son récit, puis il ajouta :

— Ne vous étonnez pas de ce que j'hésite à vous dire le nom de ma femme, le mien lui-même vous sera toujours inconnu ; j'ai adopté à jamais celui d'Anrick. Je regrette déjà de vous avoir confié celui de Luvis ; j'avais juré de ne plus prononcer ces noms qui me rappellent le passé !

Après une nouvelle pause, il reprit :

— Quelques mois s'écoulèrent sans que d'autres soupçons agitassent mon âme. Luvis restait soigneusement caché, et durant mes longues courses il tenait compagnie à ma femme. Je n'avais jamais songé au danger de cette intimité. Un de mes amis, en me complimentant sur la félicité dont je semblais jouir, me dit un jour :

— Tu es bien heureux que Luvis ait été obligé de fuir ces bords et d'aller chercher la mort dans les déserts, car il aimait celle qui est à cette heure ton épouse.

— Tout mon sang, à ces mots, reflua vers mon cœur ; je courus chez moi, j'entrai brusquement. Luvis était près d'elle, et soit illusion, soit réalité, je crus apercevoir un mouvement rapide qui les éloignait l'un de l'autre. Depuis lors je fus malheureux et je rendis ma femme malheureuse : elle devint dédaigneuse pour moi ; j'attribuai ce changement à son amour pour Luvis. Chaque jour son éloignement me sembla plus marqué; je crus surprendre de temps à autre des regards tendres et des signes mystérieux entre elle et lui; une semblable vie ne pouvait durer. Une nuit où l'orage m'avait attardé en mer, je revenais plus sombre que jamais; avant d'ouvrir la porte, j'écoute et j'entends ces paroles : « Adieu, ô toi que j'ai tant aimée! adieu pour jamais! pense à moi du moins lorsque j'aurai quitté ce monde où j'ai tant souffert! » — Hors de moi, je tirai un couteau que je portais toujours.

— C'est cela, me dis-je, maintenant qu'il m'a légué le déshonneur, il veut fuir. — Le bruit de plusieurs baisers parvint jusqu'à moi. Fou de rage, je m'élance... je les frappe... tous deux tombent!... je me penchai vers eux... ce n'était plus que deux cadavres! Un léger soupir partit du berceau de mon enfant, elle était endormie comme vous la voyez là. Je la prends dans mes bras, je la presse contre mon cœur. — Non, m'écriai-je, dans le plus affreux désespoir, tu ne connaîtras point les angoisses de cette vie! — J'allais sortir, bien décidé à me précipiter avec elle dans les flots, lorsqu'une idée subite m'arrêta. — Ce cadavre, me dis-je en regardant Luvis étendu à mes pieds, il ne faut pas qu'il reste ici. Que le monde, en apprenant ma mort, ignore du moins toute l'étendue de mon malheur et de ma honte. — D'un bras portant ma fille, de l'autre traînant le corps de Luvis, j'arrive à la plage, et je me prépare à la mort ; je détache ma barque, je m'y élance avec mes deux fardeaux... Mais en jetant encore une fois les yeux sur la créature innocente et frêle que je condamnais à périr, un horrible remords me saisit. — Que le ciel prononce sur ton destin ! m'écriai-je. — Saisissant alors ma hache, je défigurai le cadavre que je laissai sur le rivage, après l'avoir revêtu de mes propres habits ; puis j'implorai Dieu pour mon enfant, et, sans crainte comme sans espérance, j'abandonnai ma barque à la mer irritée... Je voguai longtemps, longtemps ballotté par les flots. Un matin où il ne me restait plus que la force de réchauffer de mon haleine les membres engourdis de ma fille, un pirate me prit à son bord. Après quelques combats où notre vaisseau eut toujours l'avantage, je fus pris en amitié par le maître ; un jour, où il avait été atteint d'un coup mortel, il me nomma son successeur ; alors, de mer en mer, de fleuve en fleuve, j'arrivai jusque sur ces bords dont je suis la terreur depuis une année... Avant-hier, une tempête m'a jeté sur les rescifs de cette côte ; tout mon équipage a péri, j'attendais le même sort, car je me disais : — Où que j'aille je suis perdu ; sauvé de la fureur des flots, je ne puis échapper à la vengeance des hommes...

Lorsqu'il eut fini son récit, d'abondantes larmes coulèrent de ses yeux, et il me tendit la main ; je la serrai avec effusion, voyant bien que cet homme n'était pas méchant, que la passion seule l'avait égaré. Le lendemain nous traversâmes la vallée, et nous nous perdîmes dans les rochers et les bois. Après plusieurs heures de marche, Anrick me dit :

— Je suis assez loin maintenant ; seul, je puis trouver un asile, la chasse me nourrira.

Il me serra dans ses bras et me quitta : je ne l'aperçus plus que rarement ; il m'avait fait jurer de ne jamais chercher le lieu de sa retraite ; il voulait que sa fille ignorât qu'il existait un monde où il avait tant souffert. Quatorze années s'écoulèrent. Nous nous aimions tendrement ; mais sa douleur et le souvenir de ses malheurs, au lieu de s'apaiser, l'accablaient chaque jour davantage. Sa raison s'affaiblit. Il évitait de me parler de sa fille que je n'avais plus revue. Un matin il parut tout à coup devant moi, et il me dit d'un air indifférent qui me glaça d'épouvante :

— Ma fille est morte...

Et comme je le regardais sans répondre, il continua en souriant :

— Si vous aviez vu comme elle était belle, ma fille !

Puis, après m'avoir crié adieu d'une voix que je ne saurais rendre, il disparut dans les bois, et je ne le vis plus... jamais !...

Le vieillard s'arrêta ; il se fit un long silence... Le jeune soldat lui demanda s'il n'avait plus cherché à découvrir le lieu de la retraite d'Anrick.

— Oui, répondit le Scythe en laissant échapper un soupir, mais nul indice n'a pu guider mes pas...

Un nouveau silence plus long encore que le premier suivit ces mots. Éveline était émue jusqu'au fond de l'âme ; Mimer, qui s'était approché, avait entendu la fin du récit.

L'aurore commençait déjà à blanchir l'horizon, Éveline était toujours près de Mimer, car les deux soldats gardaient encore le portique du temple. Tout à coup, la voix du vieux conteur s'est fait entendre.

— Ami, dit-il au jeune homme, toi dont les yeux sont bons, regarde là, dans l'ombre, ne vois-tu pas quelque chose de blanc comme la robe d'une femme?

— Oui, répond le soldat, attends, je crois reconnaître... Je ne me trompe pas! c'est la prêtresse Frigga.

— Frigga! s'écrie Mimer hors de lui, en entraînant Éveline.

Mais il n'a pas eu le temps de refermer la porte secrète; Frigga est à ses côtés. La demi-obscurité du temple a empêché la prêtresse de voir le mouvement du scalde, et l'appelant des noms les plus tendres:

— Mimer, s'écrie-t-elle, mon bien-aimé, je n'ai pu attendre pour te revoir que le soleil eût embrasé le ciel; des rêves affreux ont agité mon sommeil. Oh! viens, et que tes baisers me fassent oublier mes terreurs!

La perplexité de Mimer fut déchirante. Éveline entendait tout. Il essaya d'entraîner la prêtresse; les deux soldats avaient quitté leur poste, il était donc facile de sortir sans être vu; mais Frigga refusa, et comme les yeux du malheureux scalde se tournaient sans cesse vers le réduit, elle lui demanda quelle était cette porte qu'elle apercevait pour la première fois. Mimer pâlit, balbutia quelques paroles inintelligibles, et si un bruit du dehors ne fût arrivé jusqu'à eux, tout était découvert ! Profitant aussitôt du léger trouble de Frigga, il lui dit à voix bien basse, afin qu'Éveline n'entendît point :

— Ma bien-aimée, ce sont les pas d'un homme; fuyons !

Et avant qu'elle eût le temps de se remettre, il l'entraîna hors du temple.

— Le jour arrive à grands pas, les soldats traverseront bientôt ces allées, disait Mimer en essayant de se soustraire aux caresses de Frigga; laisse-moi partir.

— Au moins, te reverrai-je bientôt ? répondit celle-ci en cherchant à le retenir.

— Vers le milieu du jour je serai près de toi, dit le scalde, et il disparut.

Il retourne en courant vers le temple afin de sauver Éveline; mais, prêt à en franchir le seuil, il recule, chancelle, et, poussant un cri, il disparaît comme un insensé dans une allée obscure... Frigga ne le vit pas, elle était restée à la même place où il l'avait laissée. Réfléchissant alors, elle ne put s'empêcher de s'abandonner à l'idée que Mimer lui cachait un mystère; sa précipitation à l'entraîner hors du temple, ses traits altérés dont elle n'avait pas d'abord remarqué la pâleur, le tremblement de sa voix, la froideur inaccoutumée avec laquelle il l'avait reçue, tout enfin chez lui annonçait un grand trouble. Elle se souvint des regards fixes que Mimer tournait vers cette porte entr'ouverte dont il avait semblé vouloir éviter de lui donner une explication; mille soupçons viennent assaillir son cœur, une crainte indéfinissable l'agite. Sans plus attendre, elle court, elle arrive sous le péristyle; elle tremble en s'approchant du portique ouvert. Cependant elle franchit le seuil... Mais un bras d'airain l'arrête, et une voix bien connue lui crie:

— Où vas-tu?

Frigga regarde étonnée; Odin est debout devant elle.

— Femme infidèle! s'écrie-t-il, que viens-tu faire en ce lieu qu'a déjà souillé ta présence?

Frigga, prompte à se remettre, le regarde avec dédain; mais l'audace et l'adresse sont inutiles. Odin sait tout: une partie de l'entretien est parvenue jusqu'à lui ; aucun doute n'agite son âme, plus de pensées d'amour... la soif de la vengeance l'absorbe tout entier... il n'aime plus Frigga, mais son orgueil froissé s'irrite de son abandon.

— Je ne chercherai point à me justifier, s'écrie Frigga, trop fière pour mentir, trop courageuse pour trembler ; de ma bouche, Odin, tu sauras tout. Il est vrai, je t'ai trahi, j'ai rompu les derniers liens qui nous unissaient ; en cela je n'ai fait qu'achever ton ouvrage. Odin, souviens-toi du passé ! N'est-ce pas que j'étais belle et pure ?... N'est-ce pas qu'il était impossible de trouver un front plus candide, un cœur plus dévoué ?... Tu m'as attirée de tes regards comme le vautour la colombe, et tu m'as empesté l'âme de tes paroles empoisonnées, si bien que, peu à peu, tu as étouffé en moi tout sentiment de grandeur et d'humanité ; et moi, folle, je t'ai cru, parce que je t'aimais ! je me suis associée à tes fureurs, et, secondant ta rage, j'ai trempé mes mains dans le sang de tes victimes, et j'ai étendu sur les peuples persécutés mes bras rouges et fumants. Tous ceux qui voyaient ce hideux spectacle me maudissaient, et moi j'étais heureuse parce que tu étais là ; tu m'avais inspiré ta fureur sanguinaire et inextinguible...

Les jours où des ruisseaux de sang, en baignant tes autels, avaient coulé sur mes mains, il me semblait qu'un feu ardent les dévorait, et, pour l'éteindre, ce feu, il me fallait de nouvelles victimes... Hélas! elles ne m'ont pas manqué... Mais il n'est plus, ce temps d'aveuglement où Odin avait fait d'une jeune fille une bête féroce. La raison est venue à Frigga, ses yeux se sont ouverts, son âme s'est élevée aussitôt, et, dépouillant son enveloppe d'infamie, elle a vu avec horreur ses crimes passés, et pourtant elle n'en a eu nul remords. Mais alors je t'ai maudit, car j'ai vu ce que tu étais! A cette époque, Ulalie tomba en ton pouvoir, tu me délaissas pour elle... mon cœur plus que jamais se détacha de toi; le mépris s'unit à la haine!

Frigga se tait; droite et fière devant Odin dont les yeux sont baissés vers la terre, elle ressemble au génie du remords rappelant des forfaits. Tout à coup, un léger soupir se fait entendre; Odin saisi d'épouvante a relevé la tête; un second soupir parvient jusqu'à lui; se précipitant alors du côté où il est parti, il achève d'ouvrir la porte du réduit mystérieux..... Deux cris terribles retentissent sous les voûtes du temple; un même sentiment les a inspirés:

La jalousie !

Semblable à un éclair immense dans l'obscurité de la nuit, cette vue a tout dévoilé à l'esprit de Frigga : Odin a également compris ; alors un rire convulsif s'échappe bruyant de sa poitrine oppressée, et il dit d'une voix pleine de rage :

— Tout s'explique à présent, Mimer avait deux maîtresses.

On n'a pas oublié qu'ayant enfin résolu de triompher d'Eveline, Odin avait trouvé sa chambre déserte ; qu'étant alors descendu dans les jardins du palais et ayant cru apercevoir la jeune fille fuyant à travers les arbres, il avait soupçonné la vérité.

Cette promenade nocturne d'Eveline l'étonna ; il se souvint que Mimer était chargé de la garde du temple, et que la jeune fille venait justement de ce côté lorsqu'il l'avait rencontrée ; il se rappela quelques paroles qu'elle avait prononcées, et qui la confirmèrent dans ses soupçons. Mille projets agitèrent alors son esprit, mille tourments oppressèrent son cœur. Il voulait aller lui-même, la nuit suivante, veiller aux portes du temple, afin de les surprendre et de les punir ; mais la fatalité le poursuivait sans doute, car le lendemain il lui fallait marcher à la tête de ses troupes, qui, partant sans lui, se décourageraient peut-être. A force de chercher, il trouva un moyen qui ne compromettait point le succès de ses armes et qui assurait sa vengeance. Le lendemain donc, il partit comme nous l'avons vu avec l'armée; mais avant, il avait parlé à deux hommes: le vieux conteur et le jeune étranger.

— Cette nuit, leur avait-il-dit, vous veillerez tous deux à la porte du temple, et dès qu'une femme aura paru, se dirigeant de votre côté, vous viendrez frapper trois coups au grand portique du palais. Prudence et discrétion !.....

Ce fut en ce moment qu'il disparut aux yeux de Mimer et de Frigga; le soir, les gardes, par négligence, avaient laissé passer l'heure, et Eveline était déjà auprès de Mimer lorsqu'ils arrivèrent à leur poste. Dès que la tunique blanche de Frigga frappa leurs regards, ils se hâtèrent d'aller trouver Odin; mais celui-ci, étonné d'un retard aussi long, avait devancé le signal convenu, et se promenait déjà depuis longtemps aux alentours du temple lorsque Frigga y entra. Quel ne fut pas son étonnement en reconnaissant ce qu'il appela sa méprise! Dans le premier moment, il en ressentit un véritable bonheur : Eveline, qu'il avait crue perdue pour lui, était pure entre toutes les femmes ! il se reprocha ses soupçons et jura de se venger sur l'infidèle prêtresse. Cependant il ne pouvait mettre une parfaite clarté dans ses idées.

— Non, pensait-il, ce n'est pas Eveline que j'ai vue hier, c'est bien certainement Frigga qui fuyait devant moi. Mais ce que je ne puis comprendre, c'est l'absence d'Eveline, et cette lampe dont je ne vis plus la lumière, dès que la femme que je poursuivais se fut introduite dans le palais.

Plongé dans ces réflexions, il s'approchait du temple. Un murmure vague frappa son oreille; se glissant alors comme un reptile jusque sous une épaisse feuillée, il entendit les paroles d'amour de Frigga. Un instant il voulut se montrer, mais un éclat le perdait; il se vit donc forcé de modérer sa rage. Dès que Mimer eut entraîné Frigga, Odin se précipita dans le temple. L'orgueil blessé, la haine et la vengeance se disputaient son cœur. Tout lui semblait clair maintenant : l'absence d'Eveline, lorsqu'il s'était introduit chez elle, n'était que le simple effet du hasard. Il en était là de ses réflexions quand la prêtresse entra dans le temple......

Alors se passa la scène étrange que nous avons rapportée.

Lorsque la nuit de ce jour fut venue, une roche sauvage, se dessinant comme un nuage sombre sur l'azur des cieux, servait de couche à Mimer. A voir ses yeux fermés, sa bouche entr'ouverte et l'affreuse pâleur de ses traits, un dieu seul eût pu dire qu'il n'était pas mort.

Quant à Eveline, elle ne sut rien de ce qui s'était passé. Revenue de son évanouissement, elle avait vu près d'elle sa mère attentive qui lui souriait ; car Odin avait fait transporter la jeune fille chez elle avant son retour à la vie. Hedwige crut que son Eveline s'était effrayée d'un songe terrible : on lui laissa son erreur.

Trois jours s'écoulèrent bien tristes pour le cœur de la jeune fille ; si elle se croyait sauvée de la fureur d'Odin, elle connaissait l'amour de Mimer et de Frigga. On comprend ce qu'elle devait souffrir. Son âme élevée aux sphères les plus hautes retomba sur la terre. Son amour pour Mimer venait d'être brisé, un instant lui en avait fait connaître le néant. L'idéal avait fui devant la réalité. Cet amour, où elle avait concentré ses chimères les plus enivrantes, arraché tout-à-coup de son cœur devait tout emporter avec lui; elle était désenchantée avant l'âge; pour elle, le passé était comme un long rêve heureux que l'on regrette à l'heure du réveil, l'avenir sans espoir et sombre comme sa douleur.

Dans une salle retirée du palais, Frigga disait à Odin:

— Nous avons été trompés tous deux, unissons nos deux vengeances! Nous sommes séparés pour toujours; qu'aux yeux des peuples seulement nous semblions unis; que nos secrets descendent avec nous dans la tombe.

— C'est bien, répondit Odin, en jetant un regard de haine à la prêtresse; — je t'abandonne Eveline sans regrets; je ne retrouverais plus en elle que ce que je quittais en toi.

— Oui, reprit Frigga avec l'expression du plus amer dédain, — pour ranimer ton cœur il fallait la séduction d'un amour vierge! — Puis elle ajouta: — tout est-il convenu?

Sur la réponse affirmative du roi, la prêtresse lui tendit la main. Odin se promenait à grands pas et semblait réfléchir profondément. Frigga, calme et froide, cachait sous une apparente insouciance les tortures qui déchiraient son âme.... Les voilà donc réunis, ces deux êtres que séparait une haine implacable, rapprochés l'un de l'autre par les mêmes pensées, par les mêmes passions !

— Il est bien tard, disait Odin, et ces deux femmes n'arrivent pas.

Quelque temps s'écoula encore ; la porte s'ouvrit, un éclair de joie passa dans les yeux d'Odin et de Frigga ; mais celles qu'on attendait ne parurent point sur le seuil.

— Hedwige, dit une femme du palais, est au moment d'expirer ; elle voudrait parler au roi.

— Ne pourrais-je aussi voir Hedwige ? demanda vivement Frigga.

Au signe de l'esclave, elle saisit un vase, le remplit d'une liqueur que contenait une urne d'or, et sortit en invitant Odin à la suivre.

En ce moment, dans la vaste plaine d'Odensée, marchait à grands pas un homme dont les regards fixés sur les murailles de la ville étaient pleins d'inquiétude, c'était Mimer.

Huit jours il avait erré dans la campagne, sans but, sans penser à autre chose qu'à l'effet qu'avait produit sur son âme affaiblie la vue d'Odin. Pendant huit jours il avait souffert toutes les tortures; pendant huit jours il avait perdu la raison!... Enfin, il s'était rappelé la vérité. Sa douleur fut plus grande alors; mais une idée fixe demeura gravée dans son cerveau, et il partit en toute hâte, espérant que Frigga aurait protégé Eveline jusqu'à ce jour, espérant qu'il arriverait à temps pour la sauver. Hélas! le malheureux scalde se trompait, et lorsqu'il pensait que Frigga n'était plus ce qu'elle était jadis; que la grandeur de son âme avait triomphé de son penchant au crime, il se trompait encore!... Sans doute la passion qu'elle avait ressentie pour le doux et compatissant Mimer avait calmé ses fureurs; mais l'amour n'avait pas détruit son premier ouvrage; dans les premières années de sa vie, il l'avait poussée au mal; plus tard, épurant ses feux, il avait inspiré au cœur de Frigga de grandes et nobles pensées, et maintenant se joignant à la jalousie, il faisait rentrer au cœur de la prêtresse la férocité qu'il lui avait jadis soufflée en lui ôtant l'innocence....,

Oui, Mimer se trompait, comme il s'était trompé toujours.

Pauvre nature! que le malheur seul garantit du mépris des hommes.

La chambre d'Hedwige était d'un aspect lugubre : le jour y entrait à peine ; trois personnes assises auprès d'un lit, d'où sortait une voix lente et triste, écoutaient immobiles et silencieuses. Un homme était debout devant la porte appuyé sur sa lance : c'était le vieux conteur, l'ancien ami d'Anrick le pirate.

— Grand roi, disait la mère d'Eveline, j'ai désiré vous entretenir un instant parce que je sens approcher la fin de ma vie. Ma fille va rester ici-bas sans soutien : seule et abandonnée aux misères de ce monde, que va-t-elle devenir si nul ami ne lui tend la main? Et pour trouver cet ami, il faut que les malheurs de la mère intéressent le cœur pour la fille, et la lui fassent prendre en pitié!.....

Odin fronça le sourcil ; Frigga d'une voix douce dit à Hedwige :

— Parlez.

Encouragée, la mourante continua :

— Autrefois, là où s'élèvent aujourd'hui les orgueilleuses murailles d'Odensée, une ville petite mais heureuse florissait dans les campagnes de Fionic ; et dans cette ville vivait une jeune fille dont la beauté fit le malheur. Elevée par un berger à qui une pauvre femme mourante l'avait confiée, elle grandit et devint l'idole de tous ceux qui la connaissaient. A dix-sept ans elle fut aimée d'un jeune chasseur, son parent, mais elle ne lui rendit pas son amour; de là vinrent toutes ses infortunes. Un jour qu'elle l'avait repoussé plus dédaigneusement que jamais, il se précipita comme un furieux dans le temple où le peuple était rassemblé, monta les degrés de l'autel, et renversa les images de nos dieux. D'abord on voulut le tuer; puis on dit qu'il était fou, et un exil perpétuel lui fut imposé.

Hedwige s'arrêta pour prendre haleine; le vieux conteur, que ce récit intéressait sans doute, se rapprocha.

— Bientôt après, continua la mère d'Eveline, la jeune fille épousa un pêcheur qu'elle adorait, et qui d'abord la rendit la plus heureuse des femmes. Ils eurent une fille. Un soir où l'heureuse mère était auprès du berceau de son enfant, un léger coup fut frappé à la porte... C'était le chasseur exilé, l'ancien amant de la jeune femme qui venait lui demander l'hospitalité. « Hedwige, dit-il, » — car cette femme c'était moi; « J'ai voulu vous revoir encore;

je sais que vous êtes l'épouse d'un autre, mais je vous aime toujours ! un regard, un mot, un adieu, et je meurs content ! » — Luvis était à mes pieds ; je ne pus voir sans pitié cet homme jadis si beau, que l'exil et les souffrances avaient défiguré, je lui tendis une main qu'il baisa avec transport ; dans ce moment la porte s'ouvrit, et Lunrick, mon époux, entra. « Infâmes ! » s'écria-t-il. — Et la parole expira sur ses lèvres. Eperdue, je prononçai le nom de Luvis ; revenant aussitôt à lui, Lunrick, qui ignorait l'amour que le jeune chasseur avait eu pour moi, et qui croyait réellement à sa folie, eut honte de lui-même, et me demanda pardon à genoux. « Tiens, Lunrick, » lui dis-je, en lui donnant un couteau que je portais toujours, « prends cette arme, et si jamais je te suis infidèle, perce-m'en le cœur ! » — Il l'accepta, non comme instrument de vengeance, mais comme un gage d'amour.

Hedwige s'arrêta de nouveau ; le vieux conteur, hors de lui, promenait des regards surpris sur ceux qui l'entouraient ; un terrible mystère allait se dévoiler.

— Eveline, dit Frigga, en présentant à la jeune fille la coupe qu'elle avait apportée, — voyez si cette liqueur n'est pas trop brûlante encore, je l'ai composée pour votre mère.

Eveline sans défiance en avala quelques gouttes, et la retirant vivement de ses lèvres :

— C'est du feu ! dit-elle.

Frigga observa la jeune fille, et remit froidement le vase sur une table.

— Ce fut le premier accès de la fièvre de jalousie qui le dévorait sans cesse, reprit la mourante ; — hélas ! ce ne devait pas être le dernier. Luvis restait toujours caché dans notre cabane, mais jamais il ne me parlait d'amour ; ses regards seuls, quelquefois, et comme malgré lui, me montraient que son cœur n'avait pourtant point changé. Cependant le caractère de Lunrick s'aigrissait chaque jour ; Luvis souffrait, car il voyait bien que c'était sa présence qui causait mes chagrins. Enfin, un jour où Lunrick s'était emporté jusqu'à me menacer, Luvis, dès que la nuit fut venue, s'approcha de moi ; le désespoir était peint sur ses traits : « Hedwige, me dit-il, je suis la cause de ce que tu souffres ; ton époux est jaloux, le ciel qui me poursuit de sa colère veut que ma vie s'écoule dans les souffrances de l'exil et séparé de toi à jamais. D'ailleurs, tout ce que je m'impose de devoir me torture! Être près de toi, t'aimer et ne pouvoir te le dire, c'est plus terrible encore que de te quitter et mourir. Adieu donc, ma bien-aimée! adieu pour la dernière fois. » Par un mouvement involontaire je tombai dans ses bras, et il me couvrait de larmes, lorsque soudain un coup terrible nous frappa tous deux ; je sentis le froid d'une lame qui pénétrait ma poitrine, et je m'évanouis..... Quand je revins à moi, une foule nombreuse m'entourait : « Lunrick est mort, me dit-on, son corps a été trouvé ce matin sur la grève, et près de lui était la robe ensanglantée de votre enfant. » Onze années après, j'épousai le bon laboureur qui m'avait élevée ; j'eus de lui une fille encore... cette fille, seule consolation de mes vieux jours, la voilà! n'est-ce pas qu'elle est belle?...

— Vous en avez une encore! s'écria le vieux conteur radieux, et sortant enfin de l'extase où l'avait plongé l'étonnement : — regardez la prêtresse du grand Odin, c'est la fille de Lunrick!

Frigga hors d'elle-même se lève précipitamment, et le couteau qu'elle portait dans son sein tombe sur le lit d'Hedwige. Un éclair de joie a passé sur le front de la mourante ; elle veut tendre les bras ; hé-

14.

las! l'heure suprême était venue! elle expire en murmurant à demi un nom qui s'éteint avec sa vie.

Eveline, déjà frappée de l'analogie de ce récit avec celui du vieillard qu'elle avait entendu huit jours auparavant, comprend tout; elle s'approche en chancelant de sa sœur défaillante ; mais une pâleur mortelle s'est répandue sur son visage; elle ferme les yeux, pousse un profond soupir, et son âme sembla s'exhaler avec douleur.

Frigga revient à elle; l'excès du remords l'anéantit; on la dirait frappée d'idiotisme.

Tout-à-coup la porte s'ouvre, c'est Mimer ! A cet affreux spectacle, il recule et, glacé d'épouvante :

— Qui l'a tuée ? demande-t-il.

— Moi ! répond Frigga.

Ce mot est tombé machinalement de sa bouche.

Mimer détourna les yeux avec horreur, et d'une voix indignée mais lente et sépulcrale, il s'écrie :

— Je t'ai vue jadis te couvrir de sang, t'entourer de victimes! Aveuglé par la force de ma passion je te trouvai belle ainsi; aujourd'hui, implacable furie, tu me fais horreur !

Le lendemain, aux premières clartés du jour, les autels d'Odin étaient couverts de guirlandes de fleurs et parés pour le sacrifice. Le peuple, accoutumé à ce culte sanglant, s'inclinait. La plupart enviaient même le sort de la victime qui allait bientôt goûter les délices promises aux enfants d'Asgard. Et ce jour-là ce n'était pas une victime ordinaire : « Mimer, prêt à mourir, voulait expirer dignement. » Telles étaient les paroles qu'avait fait publier Odin.

D'après une loi terrible imaginée par le conquérant, lâche était réputé celui qui ne mourait pas de mort violente, et les lâches étaient exclus du séjour lumineux. Dès lors, le trépas n'avait plus été regardé que comme un bienfait par ces fanatiques sectateurs. Les vieillards, sentant venir la fin de leur vie, se jetaient sur les épées que leur tendaient leurs fils, et les mères, hâtant la dernière heure de leurs enfants à l'agonie, les poignardaient dans leurs berceaux, croyant ainsi leur assurer la félicité promise par Odin, l'envoyé des dieux, aux enfants d'Asgard après leur mort. On crut que Mimer mourant voulait expirer selon ces croyances sauvages, et Mimer était si aimé qu'il acquit ainsi plus de prosélytes à Odin que celui-ci n'avait pu le faire en dix ans de triomphes. Vers le milieu du jour, lorsque les portes du palais s'ouvrirent et que Mimer en sortit précédé de Frigga pour marcher au supplice, des chants célébrèrent le bonheur qui l'attendait au-delà du tombeau. Le front de la victime était calme; nulle souffrance intérieure ne s'y révélait. Odin, assis sur un trône élevé, semblait inspiré; il ne songeait pourtant qu'à la vengeance. Une sombre inquiétude le dévorait : Mimer connaissait ses secrets; s'il parlait que deviendrait sa puissance! Il interroge les yeux de Mimer... Rien ne peut s'y lire; baissés vers la terre ils semblent mesurer la profondeur d'une tombe. En montant les degrés de l'autel où l'abominable sacrifice allait s'accomplir, Frigga se retourna vers le scalde :

— Écoute, lui dit-elle, sans doute mes regrets seront éternels, je devrais te haïr, je t'aime toujours! la jalousie au fond de mon âme domine encore le remords de mes crimes. Abjure ton amour pour Eveline et tu es sauvé !

Mimer garda le silence; il ne voulait pas qu'on lui fît grâce; son seul espoir désormais était la mort. Il avait repassé dans sa mémoire toutes les heures de sa vie, et, depuis sa naissance jusqu'à ce dernier moment, le malheur n'avait cessé de l'accabler ; ses dernières souffrances surtout le rendaient fou lorsqu'il y pensait. Il ne songea pas à justifier sa conduite ni celle de l'infortunée Eveline; les explications auraient pu le sauver peut-être; comme nous l'avons dit, il voulait mourir. Accoutumé à l'image des courtes agonies, dans toute autre occasion il aurait vu sans effroi arriver l'instant de son supplice; maintenant il l'appelait de tous ses vœux. Mimer aurait pu perdre Odin; un mot, et l'idole était renversée; mais, généreux jusqu'à sa dernière heure comme il l'avait été pendant toute sa vie, il préféra se taire.

Frigga répète ses paroles :

— Mimer, dit-elle, un mot et tu ne meurs pas !

Pour toute réponse, Mimer lève les yeux vers le ciel et s'écrie ;

— Eveline, si tu me vois, si tu m'entends, reçois mon dernier soupir !

Le couteau du sacrifice guidé par toutes les fureurs de la jalousie a scintillé dans l'air; la lame se plonge tout entière dans le sein de la victime; puis rouge et fumante, Frigga la montre au peuple courbé devant l'autel.

Aussitôt des chants d'allégresse retentissent en l'honneur de Mimer, et s'élèvent dans les cieux où ils vont se perdre avec le dernier souffle du scalde immolé...

. . . .

Ainsi s'éteignit la vie de cet homme au cœur tendre et passionné dont les amours et les malheurs furent cause que les enfants d'Asgard devinrent les hommes du Nord, et qu'un jour, après huit siècles, Charlemagne pleura !

Ainsi que tout passe ici-bas, la feuille de l'arbre, la fleur de la tige, l'amour au fond du cœur, le souvenir aussi s'envole. Il ne restait plus rien de Mimer ni de la blonde vierge fionienne qui l'avait aimé ; ombre plaintive errante au fond du ciel, ou sous les grottes azurées de la mer Glaciale.

Un soir, dit-on, Odin et Frigga, tous deux rêvant à leur passé terrible, se virent dans le miroir d'une fontaine. Puis, relevant leurs fronts soucieux, ils promenèrent un regard d'envie sur la nature qui s'endormait. Tandis qu'un dernier rayon de l'astre mourant du jour colorait d'opale la cime des lames de l'Océan, ils songèrent que puisque nul spectacle, nulle pensée ne pouvaient plus les charmer, ils auraient tort d'attendre pour mourir l'entier anéantissement de leur beauté physique. Non, les peuples ne les verront point dépouillés de ce prestige qu'ils croient en eux devoir être éternel! Ils mourront, mais leur mort servira encore leur orgueil!

Le lendemain, Odin assembla son peuple, et dans un discours arrivé jusqu'à nous, et que l'on appelle *l'Hamavaal d'Odin*, il lui ordonna de se conformer toujours à ses lois; puis, s'offrant en holocauste, tira cette épée flamboyante qui avait orienté le destin du monde!

Il en perça le cœur de Frigga et le sien.

Plusieurs centaines de jeunes gens l'imitèrent; le féroce législateur du Nord, entouré d'une montagne de cadavres, expira radieux dans sa force.

Le scalde avait fini son récit, et chacun, immobile à la même place, semblait écouter encore. Quand le scalde voulut en témoigner son étonnement, on lui répondit que l'ombre d'Odin avait passé tandis qu'il parlait.

L'astre du jour jetait à l'horizon son premier éclair, et les Normands s'entretenaient encore du sombre guerrier qui avait silencieusement traversé la salle, et s'était ensuite évanoui avec son armure de bronze dans les ténèbres.

— C'était Odin! c'était Odin! disaient-ils tous.

— C'était le duc de France! cria soudain en dehors la voix d'Yngvé.

CHAPITRE VII

SOUVENIRS

Le soleil était aux deux tiers de sa course ; un solennel silence régnait dans le camp, et Paris ne prouvait qu'il avait encore quelques fils de vivants que par de rares vedettes immobiles, dont le casque et la lance étincelaient sur les créneaux.

Momar, l'œil en feu, la poitrine haletante, serrait dans sa main crispée la médaille d'Erik et la tresse de cheveux de Yolla ; il maudissait, écumant de rage, la terre et le ciel. Yngvé, rayonnant d'une joie féroce, semblait se repaître avec délices des tortures de son maître.

— Maintenant, ô roi, s'écria-t-il, diras-tu que j'ai menti ?

— Désespoir ! hurla Momar.

Et d'un coup de poing il renversa la table de chêne qui était au milieu de sa tente.

— Où est Yolla? dit-il en suffoquant.

— Une heure avant le jour, elle a quitté sa tente pour aller chasser dans la forêt voisine.

— Insensé! tu as cru cela? c'était pour le suivre.

Momar étreignit avec force le bras d'Yngvé, qui se hâta de répondre :

— J'ai ordonné qu'on la poursuivît......

Momar le repoussa rudement.

— De même qu'Eudes t'a échappé, s'écria-t-il, elle t'échappera, elle !

Il se mit à se promener avec agitation.

— Puissé-je, ô fils des Gaules ! s'écria-t-il d'une voix effrayante,—puissé-je avant la fin de ce jour briser sous ma hache, fouler sous mes pieds vos armures brillantes, puis mourir de joie en contemplant vos cadavres jonchant la terre ensanglantée, comme des soleils d'or sur un manteau de pourpre !

— N'est-ce pas ce soir, dit Yngvé, que la prêtresse doit prédire nos victoires ? Ah ! Yolla peut braver son roi ; mais le ciel, elle n'oserait!...

Momar fit un geste de doute. Il tomba sur un

siége, et reprit après un moment de silence comme en rêvant :

— Il portait cette médaille sur son cœur?

— Oui, répondit Yngvé, un coup de hache, dont sa cuirasse l'a préservé, a rompu la tresse de cheveux à laquelle était suspendue la médaille; elle est tombée à mes pieds, et je m'en suis emparé. En relevant les yeux, j'ai aperçu un autre guerrier qui, terrible comme Odin, renversait tous ceux qui l'approchaient; le nouveau venu couvrit de son bouclier la tête du duc de France, et s'écria d'une voix tonnante : « Au nom des dieux du Valhalla, Normands, baissez vos glaives! » Dans ce moment les premiers rayons de l'aurore éclairèrent le casque de l'inconnu, une auréole parut entourer son front, nos soldats frappés de terreur crurent à un prodige, tous s'agenouillèrent la face contre le sol....

Momar se leva d'un bond.

— Et pendant ce temps, ils s'échappèrent! Laisse-moi.

Yngvé sortit; Momar recommença à se promener comme un tigre dans une cage. Mais, ainsi qu'il arrive aux cœurs les plus forts, il sentit tout-à-coup sa colère se fondre en larmes; ses forces le trahrent, et il tomba sur un siége les bras pendants, le regard noyé. On l'aurait véritablement pris en pitié, cet homme terrible, de le voir ainsi vaincu par ces implacables tourmenteurs de l'âge mûr : l'amour, le regret.

— Oh ! s'écria-t-il avec des sanglots dans la voix, naguère encore, cependant, elle me trouvait beau, lorsqu'elle me disait : « Momar, tu es puissant et riche, de somptueuses funérailles et ton noble nom te promettent le Valhall et ses joies ; mais tu veux y entrer plus dignement encore ! Tu veux y entrer sanglant ! va donc combattre, ô Momar, audacieux Viking (11), gloire à toi ! » Et elle m'entourait de ses bras, et la belle inspirée me promettait un avenir trop doux pour que cet avenir se réalisât ! Hélas, hideuse mort ! que ne suis-je venu à toi dans un de ces jours de bonheur ? Lorsque la tempête hurlait chez Tapio, le dieu des forêts, et que du haut d'un roc, au pied d'un sapin dont les branches craquaient, je contemplais au loin bondir l'empire mouvant de Bjorn (12), je cherchais son image au fond du ciel brumeux, et je pensais à son sourire avec plus de bonheur qu'aux rayons du soleil ! Ombres des morts qui planez parfois sur le sommet des collines de Tuomivara dans les brouillards de la nuit, vous que j'invoquais aux jours de la jeunesse et de l'espoir, que ne m'avez-vous apporté une plume d'Hugin (13)? J'aurais prévu! Les Sagas (14) diront mon nom aux races futures. Les scaldes chantant mes hauts faits feront une drapa (15) sublime sur mon tertre, mais les runas diront aussi mes amours! honte alors sur moi! Vierge cent fois plus belle que Mielekki, la vierge des forêts, pourquoi faut-il que ton image m'apparaisse si douce et si pure dans le passé, quand je te vois si cruelle et si infâme dans le présent!

Oui, pour ne pas plaindre Momar, comparant ainsi jadis à aujourd'hui, il eût fallu ignorer toutes les joies et toutes les douleurs de la vie, car toute la vie était là :

L'amour, le regret.

Yolla, qui ne se doutait point du danger qui la menaçait, était enfin rentrée au camp; assise sous sa tente, devant laquelle se promenait à pas mesurés une sentinelle portant l'armure des soldats de la garde de Momar, la prêtresse méditait, le front appuyé dans sa main.

C'était l'heure où d'ordinaire Eudes quittait son

palais désolé pour venir s'agenouiller sous la tente de Yolla aux pieds de sa maîtresse. Yolla, comme s'il eût dû venir ce soir-là encore, le voyait dans son imagination s'enfoncer dans la voie souterraine, arriver après mille détours aux bords du fleuve, se jeter dans une petite barque sous des rochers, glisser sur la Seine, aborder à l'autre rive, s'élancer sur le sable, du sable sur l'herbe; puis, à travers les tentes, courir vers elle le front joyeux. Elle s'attrista de ne point voir entrer l'audacieux Parisien, souriant et lui tendant les bras. Le doux rêve venait de finir; elle voulut le recommencer : se figurant qu'Eudes était là, elle se pencha vers une image invisible, et se rappela tout ce qu'elle lui avait conté d'amoureuses folies à cette même place. Avec quel plaisir Eudes l'écoutait aux moments de trêve des voluptueuses langueurs, lorsque, s'abandonnant au charme des souvenirs du sol natal, elle lui disait les mœurs de son pays ! Unissant dans son esprit la pensée de son unique amour et celle de son éternelle tendresse, Eudes et sa patrie, ses regrets et ses espérances, tout son passé, tout son avenir, elle raconta, comme si Eudes eût été là pour l'entendre, les assemblées du Ting; du Ting, où les destinées du pays se discutaient au bruit incessant des armes, parmi les tombeaux, sur les tertres funèbres couverts des pierres de Bauta, les pierres du souvenir (16).

Puis elle chanta quelques chants de mort, les uns pieux et doux, les autres exaltés, sauvages, défiant la douleur. Elle dépeignit ensuite le Valhall et son entrée : et le Giallahorn (17) appelant les héros à la fête des Asas (18) ; leur âme franchissant le Bifrost (19), et le pont du ciel fléchissant sous leurs pas ; Valfader (20) faisant apporter sa coupe pour le nouveau convive ; Freyia tressant des épis pour sa couronne ; Frigga y attachant des fleurs bleues ; puis le vieux Braga saisissant les cordes d'or, et l'attentive Navadis (21) écoutant brûlante, son sein blanc contre la table des dieux, le chant doux, inouï. Emportée par sa foi, que ne dit-elle point sur la Sognaback, sur le sage Valfader aux paroles claires et profondes comme les eaux du Mimer !

Descendant du ciel sur la terre, comme elle s'était élancée de la terre au ciel, elle parla des Vikings, ces aventuriers intrépides se faisant un jeu de la guerre, et un métier de la piraterie ; de leurs lois sur le duel, et de leur code dont elle rappela avec orgueil ce passage que l'on croirait l'œuvre d'un soldat chrétien : « La prière est fille du Valhall ; écoute celui qui t'implore ; le cœur inexorable est le cœur d'un lâche. » Elle dit encore la loi de la confraternité d'arme, sublime tradition conservée par les preux du moyen âge, laquelle obligeait à mourir l'un pour l'autre les amis qui réunissaient quelques gouttes de leur sang dans un vœu solennel.

Enfin, dans son langage figuré, elle décrivit la nature gigantesque des régions hyperboréennes, et ces nuits crépusculaires, et ces lueurs étranges qui parfois embrasent le ciel de leur sanglante splendeur.

Quand elle eut fini, elle retomba encore de l'illusion dans la réalité ; alors, pour se distraire, elle chercha dans sa mémoire la trace des émotions de la journée.

— Tout le jour, pensa-t-elle, j'ai parcouru les bois, et côtoyant la Seine, j'ai descendu son cours. Que de pensées sublimes ses eaux m'ont inspirées ! leur murmure avait une voix... quel songe j'ai fait !

Pendant ce temps, la sentinelle qui veillait devant la porte avait été relevée, et le croissant de la lune, qui montait au ciel à mesure que le crépuscule s'avançait, faisait étinceler le fer de sa lance. Yolla contempla un instant le soldat avec étonnement, puis se leva et s'approcha de lui.

— Est-ce un rêve? dit-elle, Hérold? vous que l'on croyait mort?

— Je le serais, en effet, répondit Hérold, sans un guerrier parisien qui me réclama comme son prisonnier, et qui, au lieu de me faire son esclave ainsi qu'il le pouvait, fut assez généreux pour me rendre la liberté après m'avoir rendu la vie.

— Et comment se nomme ce guerrier?

— Gerbolde.

— Voici bientôt l'heure du sacrifice, reprit Yolla, veillez bien, Hérold, à ce que l'on ne me trouble pas dans mon recueillement.

Elle ferma les rideaux de sa tente, alluma sa lampe d'or et pria son dieu.

Les Normands ne connaissaient aucun sentiment restreint, leur amour était héroïque et profond, la fantaisie pour eux n'existait pas. On comprend à quel apogée ils devaient pousser la reconnaissance, cette sublime vertu qui veut tout ou rien.

Aussi, Hérold, en se promenant silencieux devant la tente de Yolla, se laissait-il aller avec entraînement à ses pensées.

Lui aussi rêvait, l'intrépide soldat, mais ce n'était point au Valhall que lui interdisait sa pauvreté, et que pouvait tout au plus, un jour, lui ouvrir la gloire; ce n'était pas non plus à sa patrie dont naguère encore il pleurait les tempêtes sous le ciel bleu des Gaules ! Quant à ses amours, ils étaient si lointains dans le passé ; tant de sang avait coulé sur son glaive depuis qu'il avait tué la femme qui osa le trahir, que c'est à peine s'il eût pu se les rappeler. Ce à quoi Hérold rêvait, c'était à s'acquitter de ce qu'il devait à son libérateur ; et le farouche Normand se disait dans le fond de son âme attendrie qu'il ne le pourrait sans doute jamais.

Tout à coup deux guerriers se présentent ; ils s'avancent vers lui.

Peut-on voir la prêtresse ? demande le plus âgé des deux.

— Non, répond Hérold, que lui voulez-vous ? Voici bientôt l'heure du sacrifice ; ce serait offenser le grand Odin que de troubler son recueillement.

— Je vous dis, reprit le guerrier avec impatience, qu'à tout prix il faut que je la voie.

Hérold fit un geste de surprise, saisit brusquement par le bras celui qui lui parlait, et le forçant à tourner son visage qui était dans l'ombre :

— Qui êtes-vous? dit-il.

L'autre se dégagea par une violente secousse, et tira son poignard. Son compagnon, qui semblait un enfant de quatorze ou quinze ans, lui dit quelques mots à voix basse; un rayon de lune passa sur le casque du guerrier et éclaira le bas de son visage; Hérold recula.

— Ne frappez pas! murmura-t-il, si mon sang venait à couler nous serions quittes, et je serais forcé de faire mon devoir.

L'inconnu le regarda attentivement :

— N'êtes-vous pas, dit-il, ce prisonnier que j'ai rendu à la liberté, et qui se nomme Hérold?

— Entrez, dit le Normand en posant le doigt sur sa bouche.

Et il souleva les rideaux de la tente.

CHAPITRE VIII

LES PROPHÉTIES

Yolla se leva étonnée qu'on eût osé pénétrer jusqu'à elle.

— Qui êtes-vous? demanda-t-elle d'une voix sévère.

— Deux enfants de Paris, dit Gerbolde.

Yolla tressaillit.

— Quelle pensée, s'écria-t-elle, vous a donc fait chercher un asile auprès de moi?

Gerbolde enleva doucement le casque de son compagnon, et dit, en baissant la voix :

— Où la sœur du comte Eudes aurait-elle pu trouver une plus digne protection?

— Clotilde!... s'écria la prêtresse.

Clotilde tomba à genoux, en disant de sa voix pleine d'harmonie :

— Oui, Clotilde qui vient se jeter à vos pieds, parce que le bonheur de sa vie dépend de vous.

La jeune fille ainsi agenouillée, ses cheveux blonds roulés autour de son cou, ses beaux yeux suppliants, tout son corps gracieux et frêle accusant un galbe divin sous une brillante cotte de mailles, frappait d'admiration.

Yolla la contempla un instant avec tendresse, puis lui tendit la main pour la relever.

— Eudes vous a donc tout confié ? dit-elle.

Et le souvenir de son amant lui étant revenu, la prêtresse d'Odin repoussa bien loin d'elle toute indécision, toute contrainte ; elle s'approcha de Clotilde avec abandon, et reprit, en fixant amoureusement la sœur du duc de France :

— Voilà bien son regard ; souris-moi, jeune fille... C'est cela... tu es belle !... tu lui ressembles !

— Je pleure cependant nuit et jour, dit Clotilde avec une naïveté charmante.

— Et quels chagrins pourraient ternir ce front si pur ?...

Clotilde, confiante, presque heureuse, répondit :

— Un seul remplit mon cœur, mais il le dévore ; je vous l'ai dit : j'aime.

— Est-ce là une douleur ? Pour moi c'est une félicité suprême.

— Mais moi qui aime sans espoir !

— Celui que tu aimes te refuserait-il sa foi ?

— Non, mais je suis la sœur du comte Eudes, duc de France, gouverneur de Paris, et le premier de l'empire après l'empereur ; mon amant, lui, n'est qu'un simple officier des gardes du Palais.

— Enfant, que veux-tu de moi ?

Clotilde tendit ses mains vers la prêtresse et les joignit comme pour une prière : son regard suppliant se leva vers le ciel.

— Je veux, dit-elle, que vous, dont l'âme commande à l'âme de mon frère, et dont les désirs sont pour votre amant des volontés immuables, vous intercédiez auprès de lui pour moi. Déjà il a promis ma main au duc de Saxe ; c'est un vaillant guerrier, mais je ne l'aime pas. O reine ! vous n'aimez pas Momar : eh bien ! par les ennuis de votre vie, jugez de mon infortune si mon frère me sacrifiait au duc !

Une sympathie profonde envahissait l'âme de

Yolla à mesure que Clotilde parlait. Dès qu'elle se tut, la prêtresse s'écria avec enthousiasme, en la pressant sur son cœur :

— Digne sœur de celui que j'ai choisi pour idole, ne crains pas que je refuse rien à ton cœur. Il est trop noble, trop aimant, pour n'être pas compris du mien ! Eh quoi ! une pensée d'amour a eu assez de force en ton âme pour te faire braver de tels dangers ? Ton front n'a point pâli, tes yeux ne se sont point troublés sous les regards farouches de nos soldats ? Jeune fille, tu ne ressembles pas à tes timides sœurs de ces contrées. La Scandinavie serait fière de t'avoir vue naître ! Oh ! que ton amant doit t'aimer ! Il doit être beau, brave surtout ?...

— Quel Parisien ne l'est pas ? dit Clotilde avec orgueil.

Elle prit la main de Gerbolde.

— A ton tour, ô mon Gerbolde bien-aimé, s'écria-t-elle, de tomber à genoux ! Reine, voilà le guerrier que Clotilde a choisi.

— Guerrier, dit Yolla, en relevant Gerbolde, laisse-moi regarder ta main, c'est là que la nature révèle notre existence passée et future à ceux qui savent interpréter ses mystères.

— Pourquoi ce sourire? demanda Gerbolde qui l'observait.

— Tais-toi ! c'est du bonheur.

Et elle continua à étudier les lignes de la main de Gerbolde ; elle releva bientôt un front rayonnant.

— Gerbolde, s'écria-t-elle, prends Clotilde, je te la donne.

En parlant ainsi, elle avait poussé Clotilde émerveillée dans les bras de son amant.

Soudain des chants retentirent à la porte de la tente.

— C'est l'heure du sacrifice, dit Yolla ; Clotilde, et vous Gerbolde, pour quelques instants, agenouillez-vous devant l'autel de nos dieux.

Bientôt les rideaux de la tente s'ouvrirent en entier ; à quelques pas étaient un trépied et un autel préparé pour le sacrifice. Les prêtres sacrificateurs étaient rangés à gauche et à droite, derrière eux se tenaient les scaldes, au-dessus de leurs têtes flottaient les drapeaux normands.

Gerbolde et Clotilde tombèrent à genoux. Yolla, la tête couverte de lauriers, s'élança sur le trépied.

— O vous, s'écria-t-elle d'une voix inspirée, ô vous qui demandez à la prêtresse des prédictions de victoires, inclinez vos fronts devant l'immuable volonté des Nornas (22). Oui, je vous prédirai de la gloire, mais sera-t-elle pour vos armes? Ecoutez et tremblez ! voici ce que j'ai vu..... Ce matin, aux premiers feux du jour, les dernières barques de Sigefroi descendaient le cours de la Seine, dont les eaux semblaient fières de battre ses rives; je suivais de l'œil les derniers sillons que formaient les rames de nos frères, lorsque tout à coup un vertige que je sentis venir du ciel me saisit; je m'appuyai contre un chêne dont les rameaux étendaient au loin leur ombre. Alors autour de moi, je vis s'élever sur les deux bords du fleuve des édifices, des colonnades, des arcs triomphaux. La ville n'était plus entourée de murailles, c'étaient de magnifiques jardins, de somptueux palais; des ponts gigantesques l'attachaient à la terre. Ce que je voyais était splendide ! comme je m'extasiais sur tant de beautés, dix siècles déroulèrent devant moi leurs fastes à venir, et j'aperçus trois époques de grandeur, trois générations de héros. Des nuages qui chargeaient le ciel descendirent les premiers des guerriers couverts d'acier et de pavois armoriés. Sur leur poitrine étincelait une croix, symbole des chrétiens; leur gloire égalait celle des dieux. Je regardais et j'admirais toujours...

Une seconde phalange s'offrit à ma vue; elle était composée d'êtres beaux comme des génies célestes; ils portaient une crinière aussi terrible que celle des lions du désert; la victoire et l'amour les suivaient et des couronnes de lis ceignaient leurs têtes; des tubes brillants comme des éclairs les menaçaient de leurs pointes enflammées, et vomissaient à grand bruit le carnage et la mort; mais rien ne les arrêtait, et leurs coursiers, nageant dans l'onde d'un fleuve immense, se dirigeaient avec rage vers la rive opposée, où tremblaient leurs ennemis. Enfin une troisième vision remplit mon cœur d'effroi. Une armée innombrable de héros aux traits fiers et terribles étendit devant moi sa puissance; sa gloire était si grande qu'elle couvrait le monde!... Un bruit plus épouvantable que celui du tonnerre annonçait aux peuples et aux rois terrifiés l'approche de ces formidables bataillons dont les drapeaux étaient surmontés d'aigles, symbole de leur invincible courage. Là mon rêve finit, une tache couvrit l'enchanteresse vision... Hélas! les dix siècles de gloire étaient passés [1]...

---

[1] Ce mouvement épique nous a été inspiré par M. de Marchangy. Voyez la *Gaule poétique*.

— Mensonge! trahison et blasphème! hurla la voix de Momar qui, accourant furieux, s'élança vers Yolla et l'arracha à l'autel : — Femme, ne souille pas les autels de nos dieux, comme tu as fait de la couche de ton roi!

Yolla épouvantée se réfugia dans sa tente ; Momar l'y suivit.

— O mon Dieu! murmura Clotilde, défaillante sur le bras de Gerbolde. Celui-ci, muet et désespéré, se prépara dans le fond de son cœur à vendre chèrement sa vie et celle de Clotilde.

Momar, tout à sa fureur, ne les aperçut pas.

— Connais-tu cette médaille? dit-il, en présentant à Yolla la médaille d'Erick.

Yolla s'approcha pour la regarder ; quand elle l'eut reconnue, la force et la voix lui manquèrent.

— C'est sur son cœur, reprit Momar avec une joie cruelle, qu'un coup de hache a été la chercher.

— Eudes! s'écria Yolla, palpitante.

— Il est mort! dit Momar.

Clotilde alors se jeta vers lui en criant :

— Mon frère! mon frère est mort?

Momar recula d'un pas.

— Son frère!..... qui es-tu donc, femme?

Clotilde lui jeta alors son casque à la face avec tant de violence que le barbare chancela.

— Regarde-moi, Normand, je suis Clotilde.

— La sœur du comte de Paris, et moi, je suis son vengeur ! dit Gerbolde.

Et voyant que tout était perdu, il tira son glaive. Mais des soldats accoururent et le terrassèrent.

— Saisissez cette femme ! dit Momar, écumant de rage et en montrant la prêtresse.

Quand on lui eut obéi, il prit la main de Yolla et celle de Gerbolde maintenu par les soldats, et les unissant, il ajouta :

— Si j'ai troublé le sacrifice, voilà deux victimes dont le sang payera ma faute. Qu'on les immole sur les autels d'Odin.

On les entraîna. Gerbolde, avant de disparaître, jeta un regard plein d'angoisse à Clotilde, et au ciel une malédiction.

Presque mourante, la sœur du comte de Paris se soutenait au large bouclier qui était auprès du lit de l'infortunée prêtresse, la douleur semblait lui prêter de nouveaux charmes. Momar demeuré seul avec elle la contempla ; son œil étincela.

— Je ne sais, dit-il, par quelle incroyable aventure

une fille des Gaules a osé se couvrir d'une armure et pénétrer dans nos camps; mais ce qu'il y a de certain, enfant, c'est que tu es bien belle !

Il s'était approché de Clotilde et comme elle chancelait, il la soutint de son bras de fer; le beau corps de Clotilde plia ainsi qu'un roseau; sa blonde tête se pencha sur son épaule, et un frémissement nerveux fit étinceler, pareilles à des milliers d'étoiles, les mailles de sa cotte d'acier. L'extase de Momar fut si grande que longtemps il n'entendit pas le tumulte qui s'approchait, grossissant à chaque minute comme la voix des tempêtes.

Tout à coup Yngvé entra.

— Roi, dit-il, tes ordres sont méconnus, une partie de l'armée se soulève; tu as violé, dit-on, le respect dû à la majesté des dieux. Yolla et le Parisien ont été arrachés des mains de tes gardes.

— Oh ! ils ne m'échapperont pas ! s'écria Momar.

Il déposa Clotilde sur le lit de Yolla et sortit.

La jeune fille entr'ouvrit les yeux, étendit les bras et murmura d'une voix expirante :

— Vierge sainte, priez pour nous !.....

CHAPITRE IX

LE BAPTÊME

— Guerrier, tu vas mourir; pourquoi donc cette sérénité répandue sur ton visage ? Tu as pleuré avec moi sur la jeunesse et l'amour ; voilà que l'heure suprême étant plus proche, tu souris comme à l'avenir.

—C'est que j'ai dans le cœur une foi profonde, répondit Gerbolde à la prêtresse, qui, l'âme pleine de regret pour les choses de la terre, n'éprouvait rien pour le ciel.

Tous deux allaient mourir. Momar avait paru céder au vœu de son armée ; mais, trop jaloux de sa vengeance pour la laisser échapper, sa volonté était que Gerbolde et Yolla fussent mis à mort vers la troisième heure de la nuit.

Des hommes de confiance, choisis par son espion, veillaient auprès des victimes sur les bords du fleuve. La nuit était obscure, pas assez pourtant pour que l'on ne pût distinguer au milieu de la Seine, sur la rive droite, dans le lointain, une sombre masse immobile et muette : c'était la grande île, semblable *à un navire échoué au fil de l'eau* [1], c'était Paris.

— Oui, reprit Gerbolde, j'ai une foi profonde dans une vie meilleure !

— Moi aussi, dit Yolla avec un soupir, j'ai cru à l'avenir d'un autre monde ; mais à cet air tiède et embaumé des campagnes de la Gaule, à cette nature riante et gracieuse, mes croyances se sont amollies et mon âme a dégénéré.

— C'est que tes dieux sont menteurs ! s'écria Gerbolde.

Yolla ne répondit rien. Gerbolde continua :

— Partout les sublimes croyances du chrétien le suivent ; en tous pays, chez tous les peuples, elles descendent sur la terre aux cris des malheureux qu'elles consolent ! Les tiennes, nées dans un coin du monde, au sein d'une nature sauvage, au milieu d'éternelles tempêtes, et créations ingénieuses de

[1] Sauval.

l'imagination des hommes, n'ont plus de prestige dans ces contrées.

— Oui, dit la prêtresse d'Odin, dont le génie s'éveillait à mesure que de nouveaux horizons se dévoilaient soudain à son intelligence; — oui, à notre culte grandiose et sombre il faut le mystère des cris confus des abîmes dans les glaciers ! les plaintes des sapins aux cimes dévastées par l'orage ! les rocs dépouillés, inaccessibles, noircis par la foudre du ciel ! Il faut les nuages épais chassés en tourbillons par le vent des tempêtes ; il faut cette mer toujours bondissante, avec ses hurlements et ses montagnes d'écume ; puis, au loin, à l'horizon, des vaisseaux ravageurs revenant gorgés de dépouilles retrouver la patrie des repaires du Viking ! aux forêts noires, aux blocs de granit rougis du sang des hommes ; aux cités populeuses, toutes retentissantes du bruit des armes, des cris de guerre et des applaudissements du Ting ! Là tu triomphes, Odin, dieu terrible ! Ici, hélas ! point d'aquilons dévastateurs pour soutenir le vol de tes ailes mouillées par l'humidité des nuages et l'écume des flots ; point de voix inconnues hurlant toutes ensemble pour charmer ton oreille ! Tout est calme, tout est riant ! Les forêts chantent avec les oiseaux, et les fleuves murmurent comme les fontaines; le ciel est d'azur, la terre est féconde.... Pays des Gaules, quel est ton Dieu ?

Yolla, les yeux tournés vers le ciel, les mains jointes, semblait n'attendre qu'un signe révélateur pour tomber à genoux. Le Seigneur resta muet.

— Femme, dit Gerbolde avec amertume, ce Dieu ne te plairait point, ne t'expose pas à l'offenser par tes dédains ; reste dans ton ignorance, garde ta foi primitive. L'agonie d'un Dieu crucifié pour la rédemption du monde ne toucherait point ton âme. Eh ! que t'importerait l'espérance des joies paisibles du ciel auprès des voluptés sanglantes du Valhalla ?

Yolla soupira.

— Naguère encore, s'écria-t-elle, l'idée de la mort me réjouissait ! « Voir Odin, me disais-je, tressant des couronnes pour les braves ; les Valkiries me versant l'hydromel dans un crâne humain ; puis, entendre résonner à la fois toutes les trompettes de l'immensité! me mêler à la foule des héros, et, le cœur altéré de vengeance, engager des combats sans fin ! » Aussi rien ne m'épouvantait alors ! ni l'âpreté des rochers, ni l'épaisseur des forêts, ni les mers orageuses ! Je me jouais au milieu des horreurs de la nature, elles ajoutaient à mon courage ! Au-dessus de la plaine sanglante je croyais entrevoir mon dieu prêt à soutenir ma valeur ou à couronner mon glorieux trépas ! Puis, Frigga, la déesse de l'amour, planant au-dessus des cadavres et en réclamant sa part ! Oh ! quelle ivresse ! quelle rage ! quel délire !

En parlant ainsi la prêtresse s'était levée ; Gerbolde la regardait avec un étonnement mêlé d'effroi.

— Vois-tu, reprit Yolla, l'œil en feu, la poitrine haletante, notre culte terrible s'inspire de la nature même de cette région étrange qui s'appelle la Scandinavie. Voilà pourquoi, là seulement il peut vivre dans sa gloire et dans sa liberté ! Depuis que j'ai quitté ces plages sanglantes et ces rochers sauvages, j'ai perdu mes croyances ! Et mon cœur perdant aussi ses vertus, je suis devenue plus douce que Balder, le dieu de la douceur. Gerbolde, poursuivit-elle, tu m'as parlé d'un Dieu crucifié, de joies paisibles ! Ainsi m'entretint un jour, lorsque j'étais enfant, une femme qui m'apparut soudain. C'était sur la plage de Birca, non loin du temple d'Upsala, j'invoquais Surtur, le dieu du feu et de la destruction. Cette femme me prit la main, et elle me dit : « Je suis l'ombre de Suniva, fille d'un roi d'Hybernie ; la première j'apportai sur ces côtes les merveilles de la vie chrétienne; longtemps, pauvre créature! tu adoreras ton dieu cruel, puis un jour, dans une heure suprême... »

Yolla, saisie d'un tremblement convulsif, n'eut pas la force de continuer; elle s'éloigna de Gerbolde et tomba à genoux.

Il y a deux espèces de fous :

Ceux qui croient à tout.

Ceux qui ne croient à rien.

Pitié pour les premiers !

Dégoût pour les seconds !

L'absurde et le monstrueux encadrent la portion saine de l'esprit humain. Ce sont les bornes que Dieu a posées à l'imagination en lui disant comme aux flots de la mer :

NEC PLUS ULTRA !

Le génie n'a point d'autres limites : semblable à l'Océan, il peut fouiller des abîmes, en tirer des trésors et les répandre sur la terre, il n'aura pas le secret de Dieu.

Yolla eut un rêve, un songe, une vision, une hallucination. Qu'importe ?

Elle vit dans l'avenir ce que nous voyons dans le passé. Son âme, initiée à de sublimes mystères, embrassa les destins de l'humanité.

Elle vit, d'année en année, de siècle en siècle, s'agrandir ce beau Paris, foyer des sciences et des arts. Elle vit se développer l'esprit de son peuple guerrier; elle suivit, initiée aux secrets des puissances invisibles, le cours des idées comme on suit le cours d'un fleuve; du sein de la palingénésie divine d'où regardait son âme, elle vit la civilisation dans ses limbes, puis, enfin, dans son élan vers l'avenir! Au-dessus de ce monde, courant du berceau à la tombe, s'élevèrent les fronts privilégiés, les uns entourés de l'auréole du génie, les autres ceints du bandeau royal, mais tous fléchissant à leur jour sous le vent du malheur ou le souffle de la mort. Et des révélations célestes lui disaient leur nom.

C'est ainsi qu'elle vit passer, tour à tour, Philippe-Auguste et saint Louis, donnant une impulsion nouvelle à l'esprit des peuples, qui, pareil à un vaisseau battu par des vents contraires, allait sombrer dans les tempêtes de l'anarchie.

Le flot des idées s'engouffre comme un torrent rompant ses digues dans les brèches faites à l'ignorance et s'élance vers les temps futurs, tantôt lent, tantôt rapide, suivant qu'il est plus ou moins retardé dans sa course par l'oppression des grands, la révolte des petits, le génie ou l'infimité des rois.

Puis, surgirent à ses yeux émerveillés les grandes figures de Louis XI et de Richelieu; le flot lâché par saint Louis hésite un instant et prend une direction nouvelle! Il submerge des hommes orgueilleux et achève de niveler l'espace qui sépare le trône du peuple! Il bondit de nouveau, afflue vers la grande ville, devenue le centre de toutes les passions; un nuage sanglant couvre longtemps ses dômes et ses clochers; l'ange de la destruction secoue ses ailes sur Paris, sur la France, et ne s'enfuit emportant le nuage dans son vol que lorsqu'un écho sublime a répété au pied du trône de Dieu ces mots, prononcés au pied de l'échafaud d'un roi :

FILS DE SAINT LOUIS, MONTEZ AU CIEL!

Alors une grande image domine le monde. L'astre éclatant qui guide son destin voit s'arrêter, pour admirer sa gloire, le flot éternel et indompté qui bientôt reprend sa course à travers les temps; quelle direction va-t-il suivre? Yolla le reconnaît et tremble pour ce pays de France dont les destinées l'intéressent. Ainsi qu'au temps de saint Louis, il hésite, il mugit, pressé entre les montagnes du doute; dans sa marche à travers les siècles, il s'est augmenté de toutes les sources qu'il a rencontrées; la tempête ne bouleverse plus un océan, elle bat le monde de ses deux ailes! Et Yolla éperdue, haletante, entend des voix qui crient :

« Saint Louis s'en rapporta, pour diriger le monde dans l'obscurité, au phare allumé depuis le Messie sur la montagne sainte, et tandis que sa raison lui disait de sonder l'abîme, il vogua avec confiance vers le port que d'autres croyaient un écueil! »

« Princes, historiens, poëtes, comme au temps de saint Louis, le monde hésite, faites comme saint Louis! Et sur le phare sauveur, plantez auprès du symbole du christianisme le drapeau de la liberté, de cette liberté sainte que rêve le peuple, que souillent d'obscures ambitions, et que l'orgueil redoute! Hors de cette voie, point de salut. »

Et, à mesure que ces voix parlaient, Yolla comprenait ce qu'elles voulaient dire. Les voix reprirent plus fortes et plus terribles, résonnant avec les trompettes des archanges aux quatre vents du ciel :

« Les idées ne peuvent être combattues que par les idées ! Opposez la liberté à la licence, la pureté de l'Évangile aux doctrines impies, l'unité d'un principe à la division des partis ! Appelez le peuple à cette grande œuvre et il vous aidera ! Le peuple ! en lui est la foi, le respect et l'amour ! Purifié par la douleur, il lève des mains non plus suppliantes, mais protectrices vers la royauté ! Ne le laissez pas se fatiguer d'attendre et d'espérer ! S'il détourne une fois les yeux, Dieu, dont il est le symbole, retirera sa main ! Rois, sentinelles jetées de jalon en jalon au bord des précipices sur ces hauteurs que l'on nomme des trônes, comme pour voir venir le malheur de plus loin, prenez garde à vous ! »

Et les voix plus vibrantes, plus formidables, éclatèrent toutes ensemble, du bout à l'autre de l'univers :

« Livrez, livrez un passage aux flots montants de l'humanité, sans quoi ils déborderont et vous serez engloutis ! Vos ennemis leur creusent sourdement un abîme au-dessus duquel ils espèrent planer ; pauvres génies qui, aveuglés par l'orgueil, ne voient pas qu'ils seraient entraînés, n'étant point assez haut au départ pour s'échapper dans la nue, et n'ayant pas, comme les aigles, des serres assez fortes pour retenir leur proie! Historiens, évoquez en foule les leçons du passé! Poëtes, prophétisez l'avenir! Prédicateurs, publicistes, versez au cœur des peuples des baumes consolateurs! Et vous, suprême puissance, qui dirigez les destins de l'humanité, éclairez l'âme des rois! Faites *qu'ils ne s'endorment par dans leur gloire!!!* »

Les voix se turent, et Yolla, remontant les âges, vit clairement l'œuvre de Dieu, cet infatigable justicier, qui, depuis le péché originel, punit ou récompense l'avenir selon le passé.

Avant de la rendre à la vie, à la mort, le Tout-Puissant permit à Yolla de jeter un dernier regard, un dernier sourire, un dernier tressaillement à ce beau Paris du dix-neuvième siècle, si éblouissant de splendeur; et, tout en regrettant de ne pouvoir prendre part ni à ses fêtes, ni à ses gloires, Yolla se prit à songer que trop de vices le souillaient, pour que le feu du ciel ne l'embrasât point un jour comme l'impure Sodome!

Et un amer regret envahit son âme de voir s'anéantir tant de beautés! Et elle pleura sur Paris comme jadis le prophète sur Jérusalem.

Alors un ange compatissant lui fit tourner la tête vers les mondes invisibles, et Yolla consolée s'éveilla de son rêve sublime en bénissant le Dieu des chrétiens.

— Gerbolde, dit-elle, Gerbolde, je crois maintenant !

Le jeune homme, le front rayonnant d'une inspiration sainte, coupa une branche de chêne qui se balançait au-dessus du fleuve et s'y baignait doucement, il l'éleva sur la tête de Yolla agenouillée devant lui ; et, comme les bourreaux s'approchaient annonçant ainsi que l'heure du supplice était venue, il dit :

— Abjure ce que tu as adoré.

— J'abjure ! dit la prêtresse.

— Au nom du Seigneur ! s'écria Gerbolde avec un geste solennel, — je te baptise chrétienne.

— Ainsi soit-il ! murmura Yolla.

Alors Gerbolde la releva ; et comme la mort allait les frapper, il soutint le corps chancelant de sa compagne, en lui disant :

— Partons ensemble !

— Tu m'as donc deviné, Gerbolde? dit tout près d'eux une voix amie; merci, frère, merci de n'avoir pas cru que je t'avais abandonné !

En parlant ainsi, Hérold fit descendre Gerbolde et Yolla dans une barque que ni l'un ni l'autre n'avaient aperçue, et deux vigoureux rameurs les emportèrent sur l'autre rive.

Longtemps après, le guerrier parisien et la belle fille du Nord, tous deux debout à l'entrée de la voie souterraine où leurs sauveurs les avaient laissés, se demandaient encore si leur délivrance n'était point un songe.

CHAPITRE X

LA SEINE

RÊVERIE

Il y a deux mille ans, à l'endroit où est Paris, ce monde de palais et de dômes gigantesques étincelants au soleil, un fleuve encore sans nom coulait limpide et calme entre des rives incultes, ombragées d'arbres séculaires; puis, des marais et de vertes savanes, vierges comme lui de toute trace humaine, le regardaient passer à leur tour. Les glaïeuls de ses îles le saluaient en penchant sur lui leurs bouquets cotonneux dont les *senani* devaient se servir un jour pour secouer l'eau lustrale sur l'autel du serpent; la rosée des nuits tombait alors en gouttes limpides dans le fleuve insouciant, larmes prophétiques répandues sur ces destins futurs!...

Déjà les Celtes avaient élevé des huttes de roseau dans la plus grande de ses îles, qu'ils attachèrent à la terre par deux ponts de bois; les Phéniciens vinrent ensuite, frappant de leurs rames aventureuses ses ondes humiliées. Les arts civilisateurs de Memphis et de Thèbes élevèrent les colonnes du temple d'Isis et creusèrent le port de Mercure; puis, parurent les Romains. Le pauvre fleuve, qu'à cause de ses capricieux contours les Celtes séduits avaient nommé *squam*, du nom de leur dieu, le pauvre fleuve déjà découronné de son prisme virginal fut rougi de sang.

L'espérance de la gloire le consola-t-elle? Quand Labiénus vainquit Camulogène, le noble chef des Parisis demanda à ses ondes qu'il aimait tant pour leur limpidité un refuge à la honte. Squan devint *Sequana*. Esclave de Rome, son orgueil se soumit devant la grandeur de ses maîtres.

L'amour, sinon la gloire, le consola, dit-on. Chaque jour sur ses rivages une jeune fille au front rayonnant d'une triple couronne, l'innocence, la jeunesse et la beauté, menait paître ses troupeaux.

Geneviève la bergère était chrétienne, elle arrivait toujours en chantant quelque saint cantique; aussi faisait-elle peu d'attention aux murmures plus doux que rendait alors le fleuve amoureux, à la grâce de ses contours qu'il cherchait à rendre pour elle plus gracieux encore, aux caprices de ses vagues mutines qui cherchaient en débordant sur le gazon à mouiller le bout de ses pieds. Le perfide! Il eût voulu pouvoir s'élancer de son lit et y engloutir la vierge charmante. Aussi, lorsque par hasard elle se penchait sur lui pour regarder les petits cailloux ainsi que font les jeunes filles, comme il tentait de la séduire, de la fasciner, par sa transparence et sa profondeur! Parfois la brise sa complice accompagnait ses voluptueux soupirs d'une harmonie plaintive. Geneviève dans ces moments-là se sentait émue; elle s'éloignait en donnant un sourire au vertige tourbillonnant

Un matin, du haut des tours du château de César on vit passer au loin de rapides cavaliers dévorant l'espace et dirigeant vers Lutèce leur vol dévastateur. Geneviève, la pieuse vierge des Gaules, s'éloigna des autels de la fée druidique devant laquelle s'inclinaient les Parisis idolâtres, et fut s'agenouiller sur les bords de son beau fleuve. Elle pria avec toute son âme, et en priant étendit sa houlette sur Sequana. Aussitôt un brouillard épais enveloppa d'un nuage si sombre les toits de la ville blanche, que, pareils à un tourbillon, les Huns aux cheveux tressés passèrent sans rien voir guidés par Attila, le fléau de Dieu !

En faveur de ce miracle, Geneviève s'attendrit-elle? accorda-t-elle son amour à ce beau fleuve libérateur ?

Un jour, où, plus menaçant que de coutume, il roulait ses flots courroucés sur ses rives que n'embellissait plus depuis longtemps Geneviève, sa bien-aimée, il refusa de secourir Lutèce désormais sans intérêt pour lui; malgré cela les Francs furent repoussés, et deux fois en moins d'un siècle il engloutit indifférent et morne les cadavres de l'ennemi.

Mais quand les Francs reparurent avec la bannière du Christ et en chantant ses louanges, Sequana tressaillit jusque dans ses plus profonds abîmes au souvenir de son premier amour. Comme si l'ombre de Geneviève eût effleuré ses ondes, il les abaissa au point que les Francs purent le traverser sans peine, et planter la croix du Sauveur sur les ruines du temple d'Isis.

Trois siècles plus tard, les Gaules commençaient

à s'appeler France, Sequana la Seine, et Lutèce Paris.

C'était au neuvième siècle : Paris avait des tours, des ponts, des rues et un palais. La Seine moins limpide coulait avec tristesse, hâtant ses flots vers les îles encore inhabitées où les glaïeuls s'inclinaient comme autrefois sur son passage. Mais le noble fleuve, devenu vassal de l'Église et de l'industrie, se voyait sillonné aux endroits les plus déserts de son cours sinueux par les lourdes barques aux banderoles bleues et rouges de la ligue commerciale. C'est avec moins d'amertume qu'il porta un jour la flotte de Charles-le-Chauve, dont les étendards d'écarlate aux abeilles d'or allaient flotter à Fontenay.

Hélas ! bientôt après les pirates du Nord l'obligèrent à laisser voguer leurs bateaux de peaux de bœuf et de sapins creusés. La tribu barbare du Danemark mit Lutèce en feu.

Dix ans plus tard, la même dévastation se renouvela, et le fleuve pendant longtemps ne roula que des débris.

Les Parisiens honteux renoncèrent à leurs mœurs paisibles; le vieux sang gaulois mêlé à celui des Francs bouillonna d'indignation. La Seine refléta de hautes murailles et d'étincelantes armures errantes à leur sommet. Les Normands revinrent et furent repoussés ; ils revinrent encore et ne furent pas plus heureux ; deux fois encore ils reparurent, et le beau fleuve, devenu fier des enfants de ses rives, engloutit leurs bataillons et mugit de triomphe.

Pauvre Seine! voici le moyen âge arrivé, le moyen âge et ses splendeurs chevaleresques ! le moyen âge et ses crimes nocturnes ! Emprisonné entre deux murs de pierre par l'ordre de Philippe-le-Bel, le malheureux fleuve fut témoin d'étranges et hideux spectacles.

Il vit défiler de beaux cortéges partant pour la terre sainte ; il vit le supplice des templiers, et reçut les cendres de Jacques Molay ; il aperçut d'étranges lueurs, le soir, aux meurtrières de la tour de Nesle ; il entendit les cris de douleur qui s'exhalaient de la grève. Le jour du sang, la nuit du feu se reflétait dans ses eaux verdâtres ; le ciel ne s'y mirait qu'avec dégoût. Hâte-toi, pauvre fleuve ! hâte-toi de fuir le bout de la cité ; va rouler tes flots moins troubles vers l'île aux treilles et l'île de Jérusalem ; les blondelettes de Paris y cueillent des marguerites qu'elles effeuillent avec leurs fiancés ; elles chantent, elles rient, elles causent; et cela te réjouira, pauvre fleuve!

Il est minuit; de lourds nuages chassés par un vent d'orage passent rapides sur la lune attristée qui luit et s'efface tour à tour. Il fait une nuit étrange; les joncs et les hautes herbes du rivage rendent des gémissements douloureux. Quel jour est-ce donc demain? c'est la Saint-Barthélemy. Tout à coup le beffroi de Saint-Germain s'est fait entendre, des coups d'arquebuse y répondent; puis de grands cris, puis des torches agitées par le vent jettent une lueur sanglante sur les murailles et y dessinent de hideuses silhouettes aussitôt évanouies qu'entrevues. Le tumulte grandit; ce ne sont plus des cris, c'est un long sanglot mêlé aux détonations et au cliquetis des armes. Le fleuve grossit et se couvre d'écume, cette écume est rouge; des cadavres flottent à la surface! — Que se passe-t-il donc? mon Dieu! — Rien, c'est Charles IX qui massacre ses sujets, c'est une fête à la Néron!

De longtemps les blondelettes, dont quelques-unes rappelaient Geneviève, ne réjouirent le fleuve épouvanté; depuis il s'est accoutumé au sang, il l'a bu avec délices, il en boira encore, et les siècles lui fourniront des cadavres.

Il s'est identifié aux mœurs, aux habitudes de la grande ville; maintenant il ne saurait se passer de tout ce tumulte, tantôt joyeux, tantôt lugubre, que rend Paris, son grand Paris bien aimé ; c'est avec moins d'amour qu'autrefois il caressait ses rivages agrestes. Il tressaille heureux quand tonne tout près de lui le canon des Invalides ; il frissonne dans son lit de pierre quand retentissent les cris de l'émeute; il aime à refléter le soir l'éclat de cent lumières, à voir passer sur ses ponts les somptueux équipages. Initié à tous les mystères, il s'est fait artère au cœur de Paris.

Va donc, fleuve corrompu, roule tes flots bourbeux à la mer ! Avant d'y arriver peut-être quelque parfum d'une plante épargnée par les hommes te rappellera-t-il d'anciens souvenirs! Va, et quand le temps, las de faire autre chose, n'aura plus amoncelé que des ruines autour de toi, peut-être redeviendras-tu ce que tu fus jadis : un fleuve sans nom, caressant des bords ignorés au reste du monde, et amoureux peut-être, comme à tes premiers beaux jours, de quelque rieuse enfant jouant, insouciante, parmi les fleurs de tes rives ; mais ces fleurs couvriront des sépulcres. Dans deux mille ans ton désert ne ressemblera point à l'isolement primitif. Quelque pierre d'édifice blanchira au fond de tes eaux transparentes ; des tertres élevés recelant des tronçons de colonnes, des fragments de statues, prouveront à l'étranger qu'il foule des tombeaux, et qu'un grand peuple a passé par là. Tes chênes auront enfoncé leurs racines au cœur des dômes écroulés et engloutis ; les loups viendront hurler à la place où s'élevait le palais des rois ; les souvenirs murmureront avec la brise dans les hautes herbes. Peut-être même verra-t-on encore les débris de la cathédrale des Goths, sombre ruine isolée au milieu des bois et perdue dans les ronces ; peut-être aussi de l'autre côté de l'horizon quelque pierre gigantesque et moussue, couronnée de lierre et de lichen, figurera-t-elle un reste d'arc triomphal, mais ce sera tout ! Et ton murmure éternel ne dira pas ce que tu verras errer la nuit dans tes brouillards, depuis l'ombre du Celte Camulogène, jusqu'à la dernière victime de la férocité des hommes ! Ces sombres mystères, tu ne les confieras qu'aux échos de tes abîmes pour que leur voix les redise au jour du jugement.

Et si, un soir, quelque voyageur venant d'Afrique, de quelque grande ville du Sahara devenu le centre de la civilisation humaine, s'arrête sur tes bords, et que le pâtre, lui montrant la terre du doigt, lui dise en hésitant :

— « C'est là que fut Paris! »

O vieux fleuve, ne t'indigne pas!

CHAPITRE XI

GERBOLDE

Les jours, les mois s'écoulaient, et Paris se voyait lentement mourir; mais, comme l'énergie de ses enfants, le génie de la France ne devait pas s'éteindre. Confiant dans sa destinée, il attendait, pour relever son front et raviver son auréole, l'heure sans doute promise par le Dieu des armées. Et il se consolait du présent, car il voyait toute une société nouvelle surgir de cet amas de douleurs : la renaissance de la population guerrière; la féodalité, dont les vices, inévitables restes de la corruption romaine et de la férocité germanique, devaient être tempérés par la chevalerie, puis le géant de la monarchie universelle de l'Église couronnant toute cette œuvre, et l'entourant de ses bras pour la protéger et la féconder.

Le jour venait de poindre ; deux soldats normands

entraient dans le camp encore endormi ; de la Seine montait une vapeur grisâtre qui confondait avec ses eaux la terre de ses rives ; la silencieuse Lutèce élevait vaguement ses toits aigus et la dentelle déchirée de ses créneaux dans un ciel brumeux ; pas un cri d'oiseau, si ce n'était celui de quelques corneilles repues de chair humaine, n'animait cette nature morte. La même pensée était venue au cœur d'un de ces hommes, il se retourna :

— O ma patrie, murmura-t-il, ce n'était pas ainsi que naguère tu attendais le soleil !

— Silence ! Gerbolde, lui dit son compagnon, — si l'on t'entendait !...

Et Hérold l'entraîna.

La sombre figure du Normand exprimait une farouche inquiétude. Après une demi-heure de marche, ils arrivèrent à la tente de Yolla. Elle était déserte. Gerbolde se souvint de ce jour où, fugitif et blessé, il entendit une douce voix de femme murmurant des paroles d'amour à l'oreille de son maître, et son cœur se serra.

Hérold lui pressa la main et lui dit :

— J'ai accompli ce que tu as voulu ; pour toi, Gerbolde, je trahis mon roi, mais la reconnaissance a pris en mon cœur des racines tellement profondes que je serais capable de trahir aussi mes frères. Maintenant, ami, sois prudent, et que ton Dieu te garde!

— Merci! dit Gerbolde.

Quand le Normand fut sorti, il se prit à contempler ce qui l'entourait avec un sentiment de tristesse, mêlé de douloureuse incertitude.

Tout ce qu'avait souffert Gerbolde depuis qu'il avait perdu Clotilde est impossible à dire. Forcé d'avouer à Robert le secret de la disparition de sa sœur, il n'avait dû la vie qu'aux prières de Yolla. Innocent, Gerbolde n'aurait eu que sa douleur à supporter; coupable, il avait aussi sa honte. L'espoir de reconquérir bientôt son amante le soutenait de jour en jour. Mais que d'angoisses! Clotilde était si belle! Voilà pourquoi Gerbolde, parvenu au comble de ses vœux, certain qu'il était maintenant de la sauver ou de mourir avec elle, souffrait encore de poignantes tortures.

Clotilde était si belle! Cette pensée le tuait.

Un bruit de pas se fit entendre; Gerbolde se cacha derrière les rideaux du lit.

Momar sombre et rêveur entra suivi de son terrible favori.

— Et tu me réponds, dit-il, de la vertu de ce narcotique ?

— Sur ma vie !

Yngvé remit une petite fiole à Momar, et, relevant le rideau de la tente, il dit avec un hideux sourire :

— La colombe vient chercher le vautour ; la voilà avec ses beaux cheveux blonds tombant en boucles sur son cou de neige, et ses longues paupières baissées ! La céleste Gunloda (23) n'est pas plus belle.

— Ce doit être vrai ! murmura Momar avec admiration.

Yngvé sorti, Momar se retira dans le coin le plus obscur de la tente, et déposa sur une table une coupe d'or, et le flacon qui venait de lui être remis.

Clotilde parut : elle était accompagnée par huit soldats de la garde de Momar qui s'arrêtèrent au dehors. De son bras amaigri, mais toujours charmant, elle laissa retomber derrière elle le rideau de la tente. Momar tressaillit, et, comme par un mouvement électrique, la pourpre du lit sembla frissonner. C'est que Clotilde était plus belle encore, peut-être, depuis que la douleur avait enveloppé son beau corps de la parure des prédestinés ! Son âme était dans son regard et dans sa démarche, et tous deux y gagnaient, l'une en nonchalance, et l'autre en expression. Un malheur solennel pesait sur cette vie, ciel autrefois si pur! que voilait aujourd'hui le nuage du désespoir, où ne brillait à côté de l'astre éteint de l'espérance qu'un solitaire et impuissant rayon d'amour.

Elle s'avança, la tête languissamment penchée comme une rose vers le soir, et s'assit épuisée sur le lit où avait aimé et dormi Yolla.

— J'ai tout perdu, dit-elle, si je pouvais mourir!...

Momar s'approcha et murmura de sa voix la plus douce :

— Mourir à ton âge, jeune fille?

— Vous ici! dit Clotilde en se levant épouvantée.

— Toujours, Clotilde, jusqu'à ce qu'un regard, un sourire m'ait fait espérer.

— Momar, dit la jeune fille avec un déchirement de cœur, n'est-ce pas vous qui avez tué mon frère?

— Clotilde, j'oublie tout quand je te vois ! répondit le barbare.

Et il soupira

— Cependant, reprit-il véritablement ému, soixante fois le soleil a fait le tour du ciel depuis que je t'ai en ma puissance ; mon respect s'est-il pour toi démenti un seul jour ? Mon amour a tellement grandi qu'il est devenu servile : il me fait me traîner à tes pieds comme un esclave. Pourtant, si j'avais voulu !... Jusqu'à présent un espoir insensé m'a sauvé d'un crime !

Il disait vrai : la vertu, la résignation de la vierge chrétienne avaient vaincu le barbare ; la chaste beauté de Clotilde avait triomphé du cœur d'airain de Momar. Et Momar ne songeait plus à Yolla si cruellement perdue, et il n'avait plus de larmes pour l'anéantissement d'un amour, et il ne songeait plus à regretter !...

Enfant, ce bonheur auquel tu souris, cette affection sainte qui rend joyeux ton cœur qui se brise à la pensée de la perdre, eh bien ! cela fuira comme une vapeur emportée par le vent du ciel ; et tu auras à peine poussé un cri de désespoir, qu'un bonheur nouveau te fera sourire encore ! qu'une affection sainte comme la première réjouira ton cœur !

Humanité ! à la fois si vile et si noble, si égoïste et si dévouée, que tu es donc infinie !

Aimer beaucoup, regretter souvent, oublier toujours !

Et recommencer ainsi jusqu'à ce que la mort arrive!

Pauvres âmes de ceux qui vous en êtes allés, que de larmes pourtant vous devez mêler à votre pardon, lorsque ceux qui vous ont tant aimées font à d'autres les mêmes serments! Et ceux-là croient comme vous avez cru! et vous aviez raison de croire, car c'était vrai; et c'est vrai encore, et ce sera vrai toujours. L'homme ne manque pas à l'amour et ne se donne point à l'oubli, c'est l'amour qui lui manque et l'oubli qui le prend. Dieu l'a fait ainsi pour qu'il achetât l'éternité par le supplice du temps. Ombres chéries, consolez-vous! L'infidèle est le plus à plaindre.

Momar regardait Clotilde comme autrefois il avait regardé Yolla, et, de même que Yolla s'était tue, Clotilde se taisait.

Momar lui dit :

— Douterais-tu?

— Je doute même de votre bravoure! répondit-elle.

Un éclair de fureur passa dans les yeux du Normand.

— Femme, qu'oses-tu dire? cria-t-il; — oh!

doute de mon amour! doute de la lumière du soleil quand ses rayons inondent la terre, mais, par ce que tu as de plus sacré au monde, ne doute pas de mon courage! Je suis Normand, jeune fille; j'ai été choisi par mes frères pour les commander, parce que mille fois je me suis illustré dans les combats. Oh! regarde bien mon front, insensée! n'y vois-tu pas plus de cicatrices que de rides? Et ma poitrine n'en est-elle pas couverte aussi? Plus de vingt blessures m'ont mis aux portes du tombeau!...

Et le barbare, découvrant sa poitrine mutilée, répétait :

— Je suis brave! Clotide, je suis brave!

Cet homme en parlant ainsi était vraiment beau de foi et d'enthousiasme. Sa voix vibrait, et son front rayonnait d'orgueil à travers son chagrin. Livrant l'essor à son imagination ardente, le Viking s'écria :

— Dans mon pays, jeune fille, on voit souvent au sommet des monts voltiger comme une ombre une transparente vapeur. Bientôt, cette vapeur grandit, s'obscurcit, amoncelle les nuages, puis un brouillard épais enveloppe le ciel, cache la cime des rocs et des pins altiers, et rend incertain l'horizon des mers. Ainsi, ton amour, qui ne fut d'abord en mon âme qu'une fugitive pensée, s'est agrandi au point de l'envahir tout entière ! et, pareille à la tempête qui se déchaîne alors sur la nature en deuil, la passion qui tue a dévasté mon cœur ! si tu savais jusqu'où s'égare parfois l'océan de ma douleur ! sur quelles plages désolées il roule ses flots amers et mon âme gémissante, sombre esquif submergé ! La voix des abîmes qu'il cache dans son vaste sein mugit mes plaintes et m'épouvante moi-même ! Que ne puis-je, ô blonde enfant ! domptant mes faiblesses, t'enlever dans mes bras et te ravir malgré tes cris aux grèves de Bjorkö ! Là, dans un antre obscur qu'un rayon de lune visita une nuit, quand j'étais enfant, et que j'eus tant peur ! je te préparerais une couche de feuillage, et, tandis que le Viking chanterait dans l'écume au pied de son mât brisé, que la foudre sillonnant le ciel passerait avec les aigles sur nos têtes, alors, ô fille des Gaules ! je te dirais de si douces choses que peut-être tu m'aimerais ! car le tumulte des tempêtes qui berça mon premier sommeil et m'inspira mon premier chant d'amour me rendrait éloquent et beau !...

Après un court silence, il reprit doucement :

— Écoute et juge-moi... Quand, respectueux et soumis, je tombe à tes genoux en te vouant l'amour le plus ardent, tu me reproches d'avoir causé la mort de ton frère, de ton amant et d'une amie? Eh bien, si à cette heure on venait te dire que rien de tout cela n'est vrai?

— Pourquoi parler d'un rêve?...

— Clotilde, ton frère est auprès de son empereur, réclamant des secours contre moi. Gerbolde est dans Paris avec Yolla.

— Qu'entends-je? dit la jeune fille en portant les deux mains à son front.

— La vérité, je te jure, enfant.

Clotilde saisit avec force le bras de Momar.

— Ne me trompez-vous pas?... Répétez ce que vous avez dit!

— Clotilde, ton frère et ton amant respirent.

Clotilde hors d'elle-même tomba à genoux.

— O mon Dieu! s'écria-t-elle.

Elle ne put achever ce cri de reconnaissance, la parole expira sur ses lèvres.

Momar poursuivit:

— Tu le vois, jeune fille, je t'ai tout avoué, j'ai mis fin à ton désespoir!

Il se fit un moment de silence : Clotilde n'avait pas entendu.

Le barbare continua :

— Pour toi, Clotilde, j'ai dompté ma rage ! en sauvant ton frère j'ai compromis le sort de mon armée. J'ai presque levé le siége de Paris ! Pour toi, j'ai épargné Gerbolde qui avait voulu m'assassiner !

Clotilde se leva, et prenant les mains de Momar :

— Ah ! s'écria-t-elle avec un accent et des poses indicibles, achevez votre ouvrage ! Vous avez un noble cœur ! Oh ! tenez, j'avais un pressentiment de la vérité, sans cela je serais morte ! Momar, de même que vous avez eu pitié des coupables, ayez pitié de la jeune fille dont le seul tort fut de vous plaire. Au nom de votre Odin, qui doit aimer la justice, soyez grand jusqu'au bout. Rendez-moi à Gerbolde ! Rendez-moi à mon frère ! Je vous en conjure par vos dieux, le mien vous bénira !

Momar la regarda doucement. Clotilde sentit renaître l'espoir ; mais le bonheur, le délire, donnant encore plus de douceur à ses yeux, Momar s'écria :

— Enfant, ta voix est mélodieuse comme celle de la bergère Gygur (24); elle me fait rêver les délices du Valhalla. Tais-toi, ou plutôt parle toujours ! Un mot d'amour de ta bouche, ton bras enlaçant mon cou, ton souffle se mêlant à mon souffle, me donneraient dans cette vie toutes les félicités promises aux enfants d'Asgar après leur mort !

Clotilde vit qu'elle s'était trompée, et presque en même temps qu'elle était perdue.

La terreur fit diversion dans son âme à la joie qui l'eût peut-être rendue folle.

— Grâce ! s'écria-t-elle d'une voix déchirante.

— Clotilde, dit Momar en l'entourant de ses bras, ce n'est que pour te posséder que j'ai renoncé à la vengeance !... Tu vois bien qu'il faut que tu sois à moi !

— Jamais !

Momar glacé par ce cri s'arrêta ; l'entraînement cessa, mais l'orgueil froissé se dressa dans son cœur comme un dard envenimé.

— Clotilde, dit-il, as-tu oublié que je suis le maître ici ?... Après la prière, l'ordre ; et il y a soixante jours que je prie !

Momar, en voyant frémir la jeune fille, s'adoucit un peu.

— Sois à moi ! s'écria-t-il, et ce soir même je te rends à ton frère, à ton amant.

Clotilde n'eut que la force de prononcer ce mot :

— Infâme!

Momar prit d'une main la fiole du narcotique et de l'autre la coupe d'or.

— Il me faut, dit-il, ton amour ou ta vie.

— Prenez ma vie! dit Clotilde.

Momar versa froidement le contenu de la fiole dans la coupe, puis il la présenta à la jeune fille.

Clotilde frissonna.

— Du poison? s'écria-t-elle, vous voulez?...

— Oui, bois...

Clotilde tressaillit plus fortement encore, et les rideaux du lit qu'elle frôlait de sa longue robe blanche agitèrent leurs plis.

— Du poison... reprit-elle avec abattement. — Au moins, avant de me tuer, me laisserez-vous prier?

Momar avait détourné les yeux, car il souffrait aussi, lui. Oui, il souffrait, le farouche Normand; à son amour s'unissait l'idée de sa vengeance, et, pour toutes les joies du Valhalla, il n'y aurait point renoncé; il fallait donc qu'il étouffât cette flamme pure qui brillait au fond de son âme comme le reflet d'une étoile dans une eau corrompue; il fallait qu'il chassât loin de lui ce retour de tendresse qui le rajeunissait, gracieuse illusion qui bien des fois l'avait rendu heureux.

— Hâte-toi, murmura-t-il.

Clotilde, pâle et faible, s'agenouilla ; puis, tirant une petite croix de son sein, elle dit :

— O mon Sauveur ! vous qui bûtes jusqu'à la lie le calice d'amertume, faites que j'aie pour mourir autant de courage que vous. Vierge sainte, consolez ceux que j'ai aimés dans ce monde, et, par vos prières, faites que le Seigneur leur donne autant de bonheur que je souffre de tortures en ce moment.

Elle baisa sa croix, la replaça sur son cœur, puis, sans lever la tête, elle tendit la main vers Momar, et dit d'une voix à peine intelligible :

— Je ne chercherai pas à vous fléchir, donnez.

Momar hésita.

— Donnez donc, reprit Clotilde d'une voix plus forte.

Le Normand tendit machinalement la coupe à Clotilde, qui la regarda un instant avec terreur ; revenant à lui, il se précipita vers la jeune fille :

— Clotilde ! s'écria-t-il, ne meurs pas ! Sois à moi ! sois à moi !

Pour toute réponse, Clotilde but d'un trait.

Quand elle eut épuisé la coupe jusqu'à la dernière goutte, elle la jeta loin d'elle; son effort sublime consommé, elle se releva et retomba mourante sur le lit de Yolla.

Ce qui se passa alors dans l'âme du Normand, tout le monde l'eût ressenti, nul ne saurait l'exprimer; ce fut quelque chose de religieux et de divin, comme l'admiration poussée à son degré suprême.

Depuis quelques instants, un sourd murmure semblait s'élever dans le camp; Momar, tout à ses projets, n'avait rien entendu. Clotilde venait à peine de s'affaisser sur elle-même, lorsque Yngvé entra.

— Pardonne, ô roi, dit-il, si malgré tes ordres...
Momar lut dans les yeux d'Yngvé.

— Je te confie cette femme, cria-t-il, souviens-toi que tu m'en réponds sur ta vie!

Il s'éloigna rapidement suivi de ses gardes.

Yngvé s'avança tout près de Clotilde, et passant sa main ignoble sur la blanche épaule de la jeune fille, qui se replia comme une sensitive :

— Femme, dit-il, tu l'as entendu? Je réponds de toi.

Il eut à peine prononcé ces paroles qu'une lame

effilée lui entra dans la gorge, et, avant qu'il fût à terre, elle lui avait deux fois traversé le cœur.

Clotilde poussa un cri.

Gerbolde, pâle et sanglant, s'approcha d'elle en balbutiant quelques paroles douces, rendues inintelligibles par les terribles émotions qui l'agitaient encore; il tremblait de rage domptée, tout son sang avait reflué à son cœur. Il repoussa du pied le hideux cadavre de l'espion, et s'assit auprès de sa maîtresse qu'il n'osait toucher de ses mains souillées. Elle fit un effort pour lui tendre les siennes, mais elle put à peine remuer les doigts.

Il disait donc vrai, ce barbare, murmura-t-elle, il ne t'avait pas tué? Que Dieu lui pardonne alors de m'avoir fait mourir!

Ce mot rendit à Gerbolde le sentiment de la réalité.

— Mourir! s'écria-t-il, oh non! car ce que tu as bu n'est pas du poison ; ce n'est pas ta vie qu'il veut! une vengeance plus terrible...

Clotilde ouvrit les yeux.

— Mais alors, dit-elle, pourquoi cet étourdissement, cette faiblesse qui abat mon corps?

— Ce n'est rien, dit Gerbolde, à qui la douce voix

de sa maîtresse rendait le calme, un sommeil d'une heure au plus peut-être... Oh! que j'ai souffert derrière ces draperies, d'où j'entendais tes sanglots et sa voix maudite! Dix fois j'ai failli m'élancer sur lui; mais c'eût été tout perdre, ses gardes étaient là...

Et, en parlant ainsi, il tressaillait et pâlissait encore.

— Mais il t'a laissé la vie, dit Clotilde, il a épargné mon frère, il ne s'est pas même vengé de Yolla?

L'indignation colora le front de Gerbolde.

— Parce qu'il ne l'a pas pu, dit-il.

— Et mon frère?

— Sauvé aussi, mais par miracle, grâce à l'intrépide sang-froid du duc de Saxe.

Clotilde ne remarqua pas l'accent douloureux avec lequel Gerbolde avait prononcé ce nom.

— Où sont-ils à cette heure? demanda-t-elle.

— Dieu le sait! dit Gerbolde. Puis il reprit : — Hier, comme je me promenais sur les remparts, demandant à Dieu les moyens de te délivrer, un Normand que je reconnus aussitôt me fit un signe, puis tendit son arc et lança une flèche qui vint tomber à mes pieds; notre sauveur y avait attaché un billet par lequel il m'enjoignait de me présenter le lendemain dès l'aurore à l'une des portes du camp... Tu comprends le reste... Dès que mon poignard aura frappé Momar...

Clotilde poussa un soupir étouffé.

— Ma poitrine me brûle ! dit-elle d'une voix éteinte, de l'air ! de l'air !

Gerbolde la prit dans ses bras.

— Ma bien aimée ! s'écria-t-il douloureusement.

Mais Clotilde ne l'entendait plus, ne le voyait plus.

De l'air ! murmura-t-elle encore faiblement, de l'air... Oh ! je meurs !...

— Non, ma Clotilde, tu t'endors !

Il se pencha sur elle, et voyant qu'elle n'avait plus le sentiment de la vie, il se trouva plus fort.

— Qu'elle est belle ainsi ! dit-il en la contemplant dormir.

Puis il lui couvrit le visage avec son voile, afin, pensa-t-il, que Momar en expirant ne jouît pas de sa vue.

Il se promena quelque temps sous le poids d'une terrible émotion, et enfin se prit à écouter le bruit lointain qui grondait. Bientôt des cris se firent entendre. Hérold parut.

— Fuis si tu le peux, cria-t-il à Gerbolde, profite

du désordre, et que le ciel te soit en aide, frère !

— Qu'arrive t-il donc ?

— Des étendards germains flottent sur la montagne de Mars. Et Hérold disparut en lui faisant un signe d'adieu.

— Serait-il possible, s'écria Gerbolde hors de lui, que Eudes fût déjà revenu ?

Il courut vers Clotilde afin de l'emporter dans ses bras, mais il était déjà trop tard; des pas retentissants mêlés au cliquetis des armes approchaient de la tente. Alors l'enfant de Paris ne songea plus qu'à mourir, et se plaçant à la tête du lit de son amante, il attendit le glaive au poing.

CHAPITRE XII

HENRI DE SAXE

En effet, les bannières impériales flottaient sur la montagne de Mars. Les Normands avaient reconnu les inébranlables bataillons germains, et la lourde cavalerie d'Henri de Saxe. Ils regardaient avec une admiration inquiète cette masse immobile qui n'attendait qu'un signal pour rouler sur eux et les écraser. Les Scandinaves, que la Seine et la ville séparaient d'elle, n'étaient pas moins tourmentés de ce qui se préparait, et à chaque instant le nuage grossissait et s'amoncelait sur la montagne. Momar, debout sur les ruines du palais des Thermes, voyait avec rage l'hésitation qui se manifestait parmi ses frères, surtout de l'autre côte de la Seine, au pied de Montmartre. Tout à coup un sourire de satisfaction contracta ses lèvres ; ses deux yeux perçants venaient de reconnaître une résolution chez ses compagnons.

Autour de leur camp, les barbares avaient creusé d'immenses fossés et les avaient ensuite recouverts de branches et de fascines légères, puis de gazon. Eux seuls pouvaient en reconnaître la place et les éviter. Dans l'endroit où ces piéges terribles étaient le plus multipliés, Momar vit se masser, puis se déployer une colonne ; la moitié de cette ligne de bataille se rompit bientôt, et alla se reformer en arrière de l'autre comme corps de réserve.

Il comprit le but de cette agglomération de forces sur un point qui avait à peine besoin d'être gardé, tandis que la cavalerie de Henri de Saxe en menaçait un autre. Cette manœuvre était évidemment une ruse ; Henri de Saxe, si clairvoyant, si habile, s'y laisserait-il prendre ?

Peut-être, car une fois lancé dans la mêlée, il devenait impétueux, sans frein.

Momar, laissant à la moitié de ses troupes la garde du camp, range l'autre en bataille sur le rivage, prête à voler au secours de ses frères. Déjà il cherchait les moyens d'anéantir les plans de l'ennemi, lorsque, de la colline méridionale s'éleva le son puissant et prolongé d'un cor. Les deux armées tressaillirent à la fois. Les Normands se retournent et reconnaissent de loin le comte de Paris. Couvert d'une splendide armure, il étincelait sur la colline; seul, un genou en terre, sa belle chevelure au vent, une main étendue vers Paris, et l'autre tenant à ses lèvres un cor retentissant, il ressemblait au génie des combats. Comme autant de fantômes, de chaque arbre, de chaque buisson, s'élance un soldat. En un clin d'œil, mille Français entourent leur chef ; et, sans attendre que les Scandinaves soient revenus de leur étonnement, ils se ruent sur eux avec cette impétuosité qui fait encore de nous les premiers soldats du monde. Eudes se trouva bientôt au centre du camp. Alors, de son côté, Henri de Saxe s'ébranla majestueusement, et comme une lave qui est sûre que rien ne peut lui échapper, qu'elle va tout engloutir, il descendit lentement les flancs de la montagne qui sourdit lugubrement sous les pieds des chevaux et le poids des armures.

Rien ne résiste à Eudes, il renverse tout, il franchit tout ; animé à mesure qu'il avance par une pensée unique, il arrive enfin à la tente de Yolla. Sans s'inquiéter si on le suit, il s'élance et trébuche en entrant sur un cadavre. Un homme est debout à la tête du lit où gît une femme : cet homme c'est Gerbolde. Le comte de Paris, trompé par l'armure qui le couvre, va fondre sur lui.

Au même instant, Momar, suivi de quelques soldats de sa garde, paraît sur le seuil en brandissant une hache d'arme qu'il fait tournoyer sur la tête d'Eudes; la hache du barbare retombe en sifflant, glisse sur le bouclier de Gerbolde, qui, plus prompt que la foudre, s'est jeté au-devant du coup, et va briser le crâne du cadavre déjà refroidi de l'espion Yngvé ; Momar la retire avec peine de l'horrible et inutile plaie, et quand il veut la lever pour frapper encore, il se sent blessé. Ses soldats le couvrent de leurs corps et vont enfin le venger, lorsqu'une troupe de Franks envahit la tente et refoule les Scandinaves.

Tout en frappant, Gerbolde criait au comte, en lui montrant Clotilde, toujours endormie, et le visage couvert de son voile :

— Sauvez-la ! sauvez-la !

Eudes, comme plus tard ces nobles fleurs de chevalerie qui surent si bien unir la gloire à l'amour, sentit, au milieu de sa fureur guerrière, descendre à son cœur un tendre souvenir.

— Ma Yolla ! cria-t-il, ma Yolla bien-aimée !

Et prenant Clotilde pour sa maîtresse, il la serra avec passion sur sa cuirasse.

— Ton nom, guerrier? demanda-t-il à son sauveur.

— Gerbolde ! répondit ce dernier en frappant toujours,

Chargé de son précieux fardeau, Eudes s'élance à travers la mêlée, protégé par Gerbolde qui le suit.

Cependant, les Normands rangés sur le rivage attendent, frémissant d'impatience, les ordres de Moinar.

Le roi se fait porter jusqu'à eux, il leur ordonne de s'embarquer et de secourir leurs frères, afin de sauver au moins le camp de l'autre rive. Alors, il y eut une nouvelle attaque, plus terrible, plus acharnée. Les Franks, afin de gagner la ville, disputent aux Normands leurs propres barques ; quand ils en ont conquis un grand nombre, ils s'y jettent en foule ; d'autres s'élancent à la nage, se soutiennent d'une main aux bateaux, et de l'autre brandissent leurs glaives que les Normands n'osent presque plus affronter. Un bizarre combat s'étendit sur toute la Seine, barque contre barque, nageur contre nageur. Des flots d'hommes roulaient vers le rivage où s'achevait la lutte commencée au milieu des eaux, et interrompue un moment par l'abordage. Les Parisiens ouvrent leurs portes aux Franks, tandis que du haut des remparts ils écrasent les Normands qui veulent empêcher l'entrée des soldats de Eudes dans la ville.

Momar, voyant que tout était perdu de ce côté, fit sonner la retraite, et tourna autour des murailles afin d'arriver au secours de ses frères qu'il croyait perdus; à chaque instant, quelque nageur abordait à la rive, et malheur à lui quand il était Français. Obligés de marcher au pied des remparts sur une plage étroite, les Normands se trouvent accablés, sans pouvoir se défendre, par les Parisiens qui garnissent les créneaux. Enfin, presque décimés de moitié, ils arrivent, toujours Momar à leur tête, et soutenu par deux guerriers, à la pointe de Notre-Dame.

Au pied du mont de Mars, le combat venait à peine de s'engager; Momar raille le courage calme des Germains qui lui ont donné le temps d'accourir au secours de ses frères. Les Franks avaient fait irruption dans la plaine comme un fleuve qui rompt ses digues ; les Allemands descendaient comme un lourd nuage qui va tout inonder. Les soldats de Momar font siffler leurs frondes, dont les pierres vont faire retentir les boucliers ennemis. Momar, calme au milieu des flèches que les Parisiens, du haut de leurs remparts, font pleuvoir autour de lui, ne daigne pas même se retourner vers la ville ; il contemple la scène qui se passe de l'autre côté de ce bras du fleuve. Deux corps de cavalerie se jettent, pour la soutenir, sur les ailes de l'infanterie germaine, et se préparent à charger. L'ennemi s'ébranle en masse à son tour. Sur un plateau, cent cavaliers d'élite entourent le duc de Saxe, que l'on reconnaît entre tous à son armure dorée et au panache blanc de son casque. Les Normands, voulant l'attirer, le provoquent par les plus insultantes railleries, les plus flétrissantes épithètes. Henri se contient un instant ; puis, songeant peut-être que du haut des remparts Clotilde le regarde, il s'élance, se met à la tête de la cavalerie de son aile gauche, et, emporté par sa rage, il charge les Normands avec fureur. Ses soldats le suivent. Momar tressaille de joie en voyant rouler cette avalanche vers les fascines qui recouvrent les précipices; son cœur bat avec violence à chaque bond des chevaux ; chaque seconde est marquée par un large coup d'aile de la mort. Quand Henri de Saxe ne fut plus qu'à deux pas des fossés, Momar, vaincu par l'émotion, ferma les yeux. Un long houra de joie les lui rouvrit. Il vit se retirer en désordre l'armée de Henri de Saxe…. Alors il poussa à son tour un hurlement de victoire ; il voulut prendre sa part de la curée, et malgré ses blessures il s'élança à la nage dans les flots.

Et tandis que les Normands, rangés en triple haie sur les lèvres de l'immense tombe du héros, chantaient dès hymnes à Odin ; que les Parisiens consternés frémissaient sur leurs créneaux de leur impuissance; les Allemands remontèrent, découragés et sans penser à la vengeance, la montagne de Mars!

CHAPITRE XIII

DÉCEPTIONS

Ainsi mourut Henri de Saxe, ce jeune héros déjà vieux de gloire. S'il eût vécu, cette journée aurait vu lever le siége de Paris et finir la lutte acharnée qui étonnait et sauvait les peuples depuis deux ans; Charles le Gros ne se serait pas couvert de honte en capitulant avec les barbares; il n'aurait pas été déclaré incapable de régner au palais de Tribur, et on ne l'aurait pas vu comme Denys le Jeune errer sans asile, précédé de son fils, qui tendait la main aux passants, en implorant un morceau de pain noir pour le dernier enfant de Charlemagne; la France ne serait pas devenue indépendante, longtemps encore elle aurait courbé son front sous le sceptre des empereurs. L'union des Franks Teutons et des

Franks Romains aurait été maintenue, et Hugues Capet n'eût pas régné.

Il vient d'étranges pensées à l'homme lorsqu'il remonte la chaîne des événements jusqu'à leur cause, et qu'il la redescend jusqu'à leurs effets!

Une puissante émotion remplit le cœur de l'historien, lorsqu'il évoque les souvenirs endormis des peuples! qu'il passe, homme isolé, sans autre force que celle que Dieu a mise en lui en créant son âme, à travers les révolutions qui ont bouleversé son pays. Il fouille au fond de tout, comme le plongeur qui va demander aux abîmes le secret du miroir des mers. Il partage les sensations de tous ceux qui ont vécu, jouissant de leurs joies, tremblant de leurs terreurs, s'épouvantant de leurs revers et maudissant leurs fautes dont le résultat futur lui est connu. Désespéré des maux de la patrie, maux passés pour tous, présents pour lui, auxquels il s'associe, et qu'il ne peut empêcher, il subit le tourment d'un homme qui, connaissant son avenir, et entraîné par une fatalité aveugle, ne pourrait éviter la tombe béante au jour fixé. Le lecteur éprouve bien, lui aussi, ce charme et ce supplice des triomphes et des revers de la patrie, mais là où il reste froid, l'historien frémit, car il a entrevu dans un événement jeté au vent des premiers âges, et léger en apparence comme un flocon de neige, l'avalanche qui doit fondre sur les siècles futurs.

Ainsi, depuis le sourire de la femme qui fit naître un rêve ambitieux dans l'âme de ce Normand, qui, le premier, remonta la Seine et fut la cause de la mort de Henri de Saxe, jusqu'au roulement de tambours commandé par Santerre sous l'échafaud de Louis XVI, quelle distance! quel contraste! et quel lien!...

C'est ainsi que l'on comprend comment la joie peut amener la douleur, l'amour la haine, ou la haine l'amour! comment l'homme a pu croire au hasard et nier Dieu, croire à Dieu et crier : fatalité! tantôt bénir, tantôt maudire, et sans foi, espérer! Cause, effet, bornes que l'on sent à chaque bout du monde, et sur lesquelles s'appuient les deux mains de Dieu, vous marquez les limites de la conception humaine, qui expire épuisée avant d'avoir pu vous atteindre; mais, lorsque vous vous rattachez aux événements d'ici-bas, vous en agrandissez l'essor!

Henri, tombant percé de mille coups, sourit dans son dernier soupir, et ce sourire que la mort respecta fut admiré de tous, Allemands, Normands et Français.

« C'est un souvenir à sa patrie, » dirent les uns.

« C'est le mépris de la mort, » dirent les autres.

« C'est l'espoir du ciel, » ajoutèrent quelques-uns.

Mais que dit celui qui connaissait le cœur du héros ? Ne pensa-t-il pas que c'était un souvenir d'amour ? Et tandis que le peuple lui élevait un superbe mausolée, Eudes ne pleura-t-il pas sur ce sourire à travers lequel l'espérance avait suivi l'âme ? l'espérance d'être aimé ?

Que d'hommes tombèrent inconnus dans la mêlée, qui avaient aussi une douce pensée au cœur ! dont toute la vie fut un mystère même pour leurs compagnons qui ne virent en eux que des soldats et qu'un amour sans espoir, qu'une chimère déçue, qu'une prière inexaucée, jetèrent en pâture à la g'oire et à la mort ! Et l'on sema des lauriers sur leur dépouille, quand on aurait dû n'y semer que des fleurs ; car l'homme prend souvent le désespoir pour du courage, de même que l'amour de la patrie pour de l'orgueil et de l'ambition. Il ne s'agit pas d'Henri, il mourut, lui, vraiment emporté par son courage ;

mais nous avons voulu rappeler cette poésie qui s'élève d'un champ de bataille, quand on songe aux causes secrètes qui ont amené là ces corps inertes qu'animait naguère un souvenir, une crainte, un espoir, un regret, un mystère tendre ou douloureux, une brillante épopée ou une touchante élégie! Et l'on jette tout cela dans de la chaux vive, où on le laisse infecter, puis blanchir au soleil. Les cadavres des chefs sont seuls ensevelis; l'on chante leurs amours s'ils ont aimé, leur courage s'ils ont été braves.

On ne chanta que le courage d'Henri.

Eudes, comme nous l'avons dit, préféra ne chanter que ses amours, et il le fit, non pas dans des vers, car il n'était pas poëte, mais avec des larmes, cette poésie des regrettants.

Déjà les Parisiens voyaient de nouveau faiblir leur courage. Les secours qu'Eudes leur avait amenés ne pouvaient suffire à les sauver; les Allemands, privés de leur chef, s'en étaient retournés, et les Normands avaient repris courage.

Le comte de Paris, retiré dans une petite salle du palais, cherchait vainement le sommeil; une pensée unique l'obsédait.

— Il est donc mort, murmurait-il, celui à qui je

devais la vie ! le vaillant duc de Saxe ! le libérateur de Paris !

Une douce voix de femme se fit entendre derrière lui.

— Eudes, dit-elle, ne suis-je point près de toi ! La présence d'une amante ne peut-elle remplacer celle d'un ami ?

— Un frère ! s'écria Eudes sans s'étonner de la présence de Yolla, — ne devait-il pas épouser Clotilde ?...

Ce nom, il le prononça avec un serrement de cœur qui ne put échapper à Yolla.

— Pardonne, dit-elle, en se penchant vers lui, pardonne à ta sœur un moment d'égarement, elle est excusable, elle aimait... Au lieu de l'accuser, admire-la !

Toute cette femme était dans les paroles qu'elle venait de prononcer.

Eudes, absorbé dans ses pensées, demeura froid pour elle.

— Si Gerbolde n'avait pas fait preuve du plus intrépide courage, s'écria-t-il, je le tuerais !

— Et il t'a sauvé la vie !

Ces derniers mots, prononcés de ce ton de reproche auquel les femmes savent donner tant de douceur, semblèrent le calmer un peu.

— Lorsque je l'ai arrachée du camp des Normands, dit-il après un silence, et comme se parlant à lui-même, que j'étais loin de penser à tant de malheurs! Je croyais que c'était Yolla qu'entouraient mes bras; et, sans soulever le voile qui cachait le visage de Clotilde, je le couvrais de baisers! chose étrange! je ne m'étonnais pas de son silence, je n'étais occupé que des périls qui m'entouraient; je ne me demandais pas comment le bruit du combat ne réveillait point ce corps inanimé, que je serrais sur ma poitrine. Ce n'est qu'en entrant dans ce palais, où la première personne qui s'offrit à mes yeux fut Yolla elle-même, que je reconnus mon erreur. D'abord, une idée terrible traversa mon esprit et le bouleversa; je me crus en face d'un fantôme dont le cadavre était sur mon sein. Épouvanté, j'arrachai convulsivement le voile de Clotilde, je poussai un cri, et je m'évanouis dans les bras d'un homme qui, à mon insu, m'avait protégé dans ma fuite.

— C'était Gerbolde!

— Oui...

Eudes redevint pensif.

Yolla le contempla un moment avec une mélancolie profonde.

— Ami, dit-elle, enfin, en se mettant aux genoux du comte de Paris, oublie un peu le passé, laisse là le présent, causons de l'avenir.

— Qu'il est triste! dit Eudes avec abattement.

— Oh! pas pour toi, reprit Yolla en levant vers lui ses yeux pleins d'ineffable amour, pas pour vous, mon prince! de beaux et longs jours vous attendent. Les déceptions passeront sans l'atteindre autour de votre destinée! La mienne, je le sens, si elle se prolongeait...

Eudes lut dans la pensée de son amante, et, une larme dans les yeux, il attira les lèvres de Yolla à ses lèvres.

— Enfant, dit-il, c'est une étrange chose que l'imagination, et une plus étrange chose encore que le cœur humain...

— N'est-ce pas, dit Yolla qui sourit d'une manière déchirante, — n'est-ce pas qu'il est cruel de voir que tout finit? que lorsqu'un rêve est usé, on se sent forcé, tout en le regrettant, d'en recommencer un autre? Ce que l'on possède nous lasse, ce que l'on désire seul conserve son prisme?

Eudes et Yolla soupirèrent profondément, un baiser doux mais calme confondit le déchirement de leurs cœurs, ils s'étaient compris.

L'âme humaine, dès qu'elle n'y voit plus que par les yeux de sa prison, perd tellement courage dans l'obscurité, qu'elle ne se souvient plus ni des splendeurs dont elle a joui, ni des miracles qui l'ont attendrie, ni des vertus qui l'ont charmée. Elle se prend à douter du passé, à ne plus croire à l'avenir, dès qu'une de ses illusions terrestres s'est envolée, comme s'il était donné à quelque chose ici-bas de durer toujours.

Yolla, en perdant son amour, perdit sa foi ! elle oublia que le fond du ciel lui était apparu, pour se souvenir qu'elle avait eu la folie de croire à l'éternité de sa passion ; chez cette pauvre femme, l'humanité avait pris le dessus : c'était à jamais fini de cette seconde vue qui l'élevait parfois jusqu'au trône de Dieu. Une déception avait suffi pour lui couper les ailes.

Durant l'absence d'Eudes, le vide se faisait autour de son cœur ; mais le doux espoir de revoir bientôt son amant l'absorbait tout entière.

Déjà pourtant un découragement inexplicable l'éloignait du palais où Robert l'entourait de tous les respects, et ignorant le secret de ses larmes, elle allait pleurer parmi les tombeaux. La pensée d'Eudes ne lui suffisait plus; sans regretter sa liberté, elle se sentait triste de son esclavage. Lorsque Eudes revint, elle se crut guérie du mal qui la dévorait. Son bonheur fut immense, mais le lendemain elle comprit, au redoublement de sa tristesse, qu'elle ne sentait plus comme autrefois. En vain chercha-t-elle à renouveler des joies éteintes, c'étaient les mêmes caresses, ce n'étaient plus les mêmes émotions. L'amour de Eudes, un instant rallumé, s'éteignit à son tour ; il lutta et flétrit tout! TOUT s'en alla! Les deux amants virent s'épuiser leurs dernières illusions. Yolla se prit à rougir sans savoir pourquoi et à baisser les yeux devant Eudes ; et lui, il lui en voulut de sa froideur. Alors elle retourna demander au silence des morts le secret de son impuissance à triompher de son dégoût. Souvent on la surprenait le soir, au milieu de l'immense cimetière regorgeant de cadavres ; le sombre génie qui l'inspirait naguère, elle le retrouvait là, et des émotions qu'elle croyait à jamais évanouies revenaient la faire tressaillir. De même qu'autrefois elle se plaisait à livrer aux tempêtes du haut d'un roc sauvage le vol de ses rêves, ainsi maintenant elle aimait à promener son désespoir parmi les débris de l'humanité, vaste symbole des ruines de son cœur !

Eudes, domptant ses regrets, jeta son âme dans l'avenir, et dans ce nouveau rêve dont venait de parler Yolla.

— Je voudrais être roi, dit-il.

Yolla l'imita, mais son vœu fut celui d'une femme.

— Je voudrais être morte, dit-elle.

— Oui, tu as raison, dit Eudes profondément ému, le ciel aurait dû nous tuer il y a six mois, alors nous aurions pu...

Il n'osa pas achever sa pensée.

Yolla le fit pour lui, et, fondant en larmes, elle s'écria :

— Mourir en bien aimant !

Tout était donc fini. Pauvre homme et pauvre femme ! Ils n'aimaient plus !

Comme leurs cœurs se brisaient à cette pensée !

De même que le vieillard regrette sa jeunesse et sa force, et qu'il pleure amèrement ses facultés éteintes à jouir de cette nature toujours la même, au sein de laquelle lui seul a changé ; ainsi le cœur regrette sa pureté naïve, sa sève de jadis, son abandon, sa foi, son amour, qui sont sa force, sa jeunesse à lui. Ce qu'il a admiré, ce qu'il a aimé, est resté beau ; comme le vieillard, lui seul également a changé. L'un est aveugle, l'autre y voit trop.

Quelle torture alors que le souvenir !

Oh ! lorsque pareille honte a pesé sur un cœur, il ne doit plus songer à ces joies de la jeunesse qu'il ne peut plus nourrir. Offrir à une autre, vierge encore, la caducité de ses émotions et les pâles éclairs de ses désirs factices !... Eudes y songea, et serrant Yolla contre sa poitrine :

— Enfant, dit-il, jurons-nous ici que nous resterons fidèles au souvenir de notre passé, et que nous n'essayerons pas d'aimer, ne pouvant plus nous aimer ?...

Cette pensée était déjà venue à Yolla, mais sans qu'elle y eût réfléchi, et si naturellement, qu'elle ne comprit pas pourquoi Eudes lui parlait ainsi. Il répéta sa phrase, et ayant vu rougir le front de sa maîtresse, il comprit combien la femme est au-dessus de l'homme pour tout ce qui regarde les choses du cœur. Celui de Yolla, depuis qu'il avait connu l'amour, s'était développé dans les proportions dont la nature lui avait donné le germe. Yolla n'était plus l'intrépide guerrière scandinave ; devenue tout simplement une femme, elle en avait connu les joies, les timides craintes, les gracieuses espérances, les illusions, les frivoles désirs, les ardentes émotions ; puis, sensible et douce, tendre et résignée, elle avait cru, douté et souffert.

Revenue des choses de la vie, elle était là penchant son beau corps dans les bras de celui qu'elle avait aimé, se demandant tout bas où pouvait être le bonheur. Le bonheur! pauvre femme! elle l'avait eu pendant une année, et elle n'était pas satisfaite encore. C'est qu'elle ne savait pas qu'ici-bas, il ne fait que passer dans le ciel de chaque âme, et qu'il ne revient jamais sur ses pas. C'était la dernière de ses illusions à l'infortunée Yolla, que d'ignorer qu'il n'existe après sa fuite autre chose de possible que le repos de l'oubli, ou celui de la tombe.

Quant au plaisir, son âme était trop pure encore pour l'admettre sans l'amour.

A quelques pas d'elle, dans une chambre voisine, on pleurait aussi.

Mais les larmes que répandait Clotilde n'étaient pas sans espérance : on peut attirer le bonheur, le retenir, jamais!

Et puis, la jeune fille avait plus de résignation que la passionnée devineresse, de même que Gerbolde, ayant moins d'exaltation que le duc de France, avait plus de calme dans ses désirs, et aurait eu moins d'oubli.

Robert venait d'entrer.

— Frère, dit-il, voici venir Ebole, Roger et Adelelme; c'est l'heure du repas.

Eudes se leva et, baisant Yolla sur le front, il sembla vouloir secouer les accablantes réflexions qui l'obsédaient.

Les trois chefs entrèrent d'un côté tandis que Clotilde paraissait de l'autre, sa tête était baissée, une vive rougeur couvrait son front, elle n'osait approcher. Yolla courut à elle, lui prit la main et la conduisit à son frère. Il la regarda un instant, puis l'attirant dans ses bras, il lui dit :

— Je t'aime toujours, va!

Clotilde leva ses yeux humides vers ceux de son frère. Eudes lut toute sa pensée.

— Jamais! dit-il, jamais!

Au même instant Gerbolde parut. Eudes frémit de colère, et s'avança vers lui. Sans s'émouvoir, le soldat tira son glaive et s'écria :

— Aux armes !

Puis traversant la salle, il ouvrit la fenêtre avec fracas.

— Entendez-vous ce bruit? dit-il, ce sont les Normands qui montent à l'assaut vers la pointe Notre-Dame.

Quelques minutes après, il n'y avait plus dans l'appartement que Clotilde et Yolla. A ces bruits de guerre qui s'enflent comme ceux de l'Océan aux approches de la tempête, l'ancienne prêtresse d'Odin sent renaître dans son cœur désert les feux de ses instincts primitifs.

Elle saisit ses armes qui pendaient au lambris, et, leur souriant comme elle n'avait jamais souri à Eudes :

— O mon casque! s'écrie-t-elle, j'eus la folie de te préférer des couronnes de fleurs et l'auréole de l'amour! Les fleurs se sont fanées, l'auréole s'est évanouie, ton éclat est resté le même! reprends, reprends ta place sur mon front que tu n'aurais jamais dû quitter! A moi ma lance et mon bouclier! leurs étincelles aux rayons de l'astre du jour éblouirent naguère les fils d'Eskild sur les rochers de Torwald, et mirent en fuite les bataillons du farouche

Almoœder ! Revenez, beaux jours de l'indifférence et de la liberté ! Je veux encore avoir soif sur la montagne, et tremper mes armes sanglantes dans l'eau du torrent !

Et elle suit en brandissant son glaive les pas du duc de France.

Lorsqu'il n'y eut plus autour d'elle que le tumulte encore lointain du combat, Clotilde alla à la fenêtre. Gerbolde était là, debout dans la rue ; il lui fit signe de descendre. La jeune fille obéit.

Quand elle fut dans ses bras, il lui dit :

— Enfant, te souviens-tu de ce jour où tu t'écrias : « O mon Gerbolde ! il ne nous reste plus qu'à mourir? »

— Et tu me dis, toi : « PAS ENCORE. »

— Oui.

— Eh bien ?

— C'est qu'alors, Clotilde, il me restait une espérance, maintenant je n'en ai plus.

— Je comprends, dit Clotilde, frappe.

Gerbolde tira lentement son glaive, et, après avoir hésité, il le leva sur la jeune fille, qui, le regard perdu dans celui de son amant, attendit le coup en souriant.

CHAPITRE XIV

L'ASSAUT

Les Normands avaient profité de la baisse des eaux pour traverser la Seine et se ruer à l'assaut. Il était midi, la chaleur étouffait; les Parisiens accablés cédaient au sommeil, à l'inertie et à la mort. Quelques-uns pourtant, entendant le bruit sourd de cette multitude qui s'avançait pour les surprendre, poussèrent des cris d'alarmes et rassemblèrent assez de monde pour défendre un instant l'escalade des remparts. C'est alors que Gerbolde accourut au palais pour prévenir le gouverneur, et en passant par les rues il cria aux armes, et bientôt toute la ville fut en émoi. Mais déjà les Normands descendaient dans la place, et, sûrs de la victoire, ils entraient dans les maisons, non plus pour combattre, mais pour piller. Quand le duc de France arriva, les Parisiens, réveillés de leur torpeur par l'imminence du danger, se battaient avec la furie du désespoir. Une foule de guerriers avait suivi le gouverneur; bientôt l'équilibre de la lutte fut rétabli. Eudes, armé d'une énorme hache, monta sur les remparts, suivi d'Ebole, d'Adelelme et de Roger, tandis que Robert, refoulant les Normands entre lui et les murailles, en faisait une véritable boucherie; mais, à chaque minute, le nombre d'ennemis qui pressait la ville en dehors augmentait; plusieurs points étaient attaqués déjà. Eudes se multiplie, court des uns aux autres, vole, et, partout où il se présente, les Normands hésitent et perdent leur avantage. Réunissant tous leurs efforts sur un point unique, celui sans doute qui leur semble le plus faible, ils y traînèrent leurs machines et leurs béliers. Les Parisiens accourent à la voix de leur chef; ils inondent d'eau bouillante et de plomb fondu les Normands qui roulent dans les fossés en hurlant de douleur et de rage impuissante. Mais les béliers, quoique enflammés, redoublent leurs coups, les murs commencent à céder. Une brèche va s'ouvrir. Eudes craint en vain que les autres postes ne soient délaissés; tout le monde veut se trouver là afin de repousser l'ennemi quand il engloutira la trouée. Momar, qui de loin contemple le combat, se réjouit et dévore ce temps qui le rapproche de l'heure attendue par lui avec impatience.

Cependant, un des Normands qui étaient entrés les premiers dans la ville, assez heureux pour échapper au massacre de ses compagnons, courait vers le palais, en laissant derrière lui une large et sanglante trace de son passage. Il arriva au moment où Gerbolde levait son poignard sur le cœur de Clotilde.

— A moi, Gerbolde ! cria-t-il.

L'amant de Clotilde se retourna et reconnut Hérold, qui vint tomber mourant à ses pieds. Il le prit dans ses bras et le porta dans la salle de la tour de bois du palais.

— Laisse-moi, dit-il à Gerbolde, et cours, s'il en est temps encore, à la porte du Midi. Tandis que tes frères s'agglomèrent vers la pointe Notre-Dame, Momar, par une manœuvre habile, a ordonné qu'on attaquât ce poste, imprudemment abandonné.

La voix du Normand s'éteignit, Gerbolde fit rapidement couler entre ses lèvres quelques gouttes d'eau fraîche, puis il ouvrit les portiques, car le malheureux étouffait.

Et le danger de sa patrie lui faisant tout oublier, en même temps il disait à Clotilde :

— Au nom du ciel ! courez vite à la pointe Notre-Dame, et dites que l'on m'envoie du secours à la porte du Midi.

Puis, sans attendre sa réponse, il s'élança dans la rue et disparut.

Clotilde voulut se pencher une dernière fois vers Hérold, qui râla ces deux mots :

— Allez, allez.....

La jeune fille sortit en courant, plutôt guidée par un vague instinct que par ses pensées : elle n'était plus de ce monde. Suspendue un instant entre la vie et la mort, elle avait d'avance jeté son âme au ciel et son corps à la destruction.

Elle venait de s'engager dans une rue étroite, elle marchait, n'entendant rien, évitant les obstacles à son insu, et comme perdue dans la fixité de ses pensées, lorsque tout à coup elle fut entourée d'une foule immense de vieillards, de femmes et d'enfants, qui, allant en sens inverse, l'arrêta, puis l'entraîna. Elle chercha en vain à résister ; elle se trouva bientôt ramenée presqu'à son point de départ. La contrariété qu'elle éprouva lui rendit le sentiment de sa situation, et, avec lui, le souvenir du danger qui menaçait Gerbolde ; quand elle put rassembler quelques idées, le flot tumultueux s'était écoulé, et parmi les bruits qu'il roulait, elle distingua ce cri : « A Saint-Germain, à Saint-Germain ! »

Elle reprit sa course, mais elle n'avait plus la force que l'anéantissement moral lui laissait auparavant. Ses angoisses la poussaient bien en avant, mais, par un effet contraire, faisaient trembler ses genoux. Elle sentit que si elle ne se hâtait pas, elle n'aurait bientôt plus le courage de se traîner ; et plus elle hâtait sa course, plus elle hâtait l'instant où l'épuisement devait l'abattre.

— O mon Dieu ! disait-elle, le pouvoir seulement d'arriver à ces hommes que je vois là-bas !

Elle avançait, elle avançait toujours ; mais ces hommes dont elle parlait, et qui pourtant étaient immobiles, semblaient marcher plus vite qu'elle. Elle se sentit faiblir ; par un immense effort, elle se retint et continua. Enfin elle arriva et, s'appuyant à une muraille, elle posa ses deux mains sur son cœur pour en comprimer les battements, et dit d'une voix haletante :

— Courez ! courez tous à la porte du Midi !

L'un d'eux la regarda avec des yeux hagards.

— Pourquoi faire ? demanda-t-il.

— L'ennemi ! reprit Clotilde.

Mais l'homme, imitant ses compagnons qui venaient de se coucher dans l'ombre en poussant des gémissements plaintifs, détourna la tête en disant :

— Laisse-moi, femme, j'ai faim, je meurs.

Clotilde, se penchant vers lui, le souleva par le bras et lui dit :

— Mais l'ennemi est là, malheureux ! l'ennemi qui va vous égorger tous !

Quelques-uns relevèrent la tête et s'entre-regardèrent comme des insensés.

— L'ennemi ?

— Oui, l'ennemi ! reprit Clotilde hors d'elle-même.

— L'ennemi ? reprirent-ils encore sans avoir l'air de comprendre.

Clotilde, au désespoir, tomba sur ses genoux, et cria dans une dernière espérance :

— Les Normands ! les Normands !

A ces mots, tous ces hommes, comme repoussés de la terre par une puissance magique, se relevèrent

Clotilde sentit renaître son énergie.

— A la porte du Midi ! cria-t-elle, à la porte du Midi !

Mais les malheureux ne l'écoutent pas ; ils s'élancent dans diverses directions, partout où leur délire les pousse ; quelques-uns même ont à peine fait quelques pas, qu'ils retombent en murmurant des blasphèmes qu'ils mêlent à ce cri : — « Les Normands ! les Normands ! »

Clotilde pense alors que tout est perdu ; depuis une demi-heure qu'elle a quitté Gerbolde, il doit être mort ! mais cependant s'il en était ainsi, Paris serait en feu. Un peu rassurée par cette pensée, elle rassemble toute son énergie, et se remet à courir. Enfin elle va atteindre le but, elle n'en est plus qu'à une trentaine de pas. Elle ne veut pas crier de crainte d'épuiser ses forces inutilement, car les clameurs des combattants, le bruit terrible du bélier qui ébranle les murailles remplissent les cieux d'un épouvantable fracas. Pourtant elle se sent mourir, l'air manque à sa poitrine ; elle ferme les yeux, et essaye encore de franchir cette courte distance qui la sépare de l'immense cohorte bardée de fer, qui, tournée vers les murailles, attend avec angoisse l'ouverture de la brèche ; par un suprême effort, elle arrive à ne plus en être qu'à dix pas, puis à huit, puis à cinq, puis à quatre ; mais là, il fallut qu'elle se traînât sur ses genoux. Pourtant, mon Dieu ! trois pas encore et Gerbolde est sauvé ! Elle en fait un, presque en rampant, puis un second, mais elle sent que le troisième sera impossible. Par hasard, un soldat s'est retourné. Dans ce moment elle s'affaissait complétement sur elle-même, en murmurant d'une voix éteinte :

—Courez à la porte du Midi !

Le soldat se pencha vers elle, car il n'avait pas entendu, mais les lèvres de Clotilde s'entr'ouvrirent à peine, et ne laissèrent échapper qu'un faible soupir. Le soldat ému la prit entre ses bras, et alla la déposer derrière un monceau de morts, la croyant morte elle-même, et seulement pour que son beau corps ne fût pas foulé aux pieds. Puis il revint à son rang.

Au sein de tout ce fracas, s'élevaient les voix des scaldes qui tonnaient des chants de vengeance et de mort. Leur éclatante harmonie dominait tout. Bientôt les Parisiens ont cru entendre gémir, dans une autre direction, une douce mélodie ; ils écoutent, et le vent qui l'avait affaiblie la leur rapporte plus sensible ; cette fois ils ne se sont pas trompés. Eudes qui attendait avec anxiété, l'œil étincelant fixé sur les crevasses des remparts prêts à crouler, retourne la tête ; il a entendu à son tour cette plainte fugitive et lointaine, qui lui était arrivée pareille à des sons éoliens dans les hurlements d'une tempête.

Bientôt les chants des scaldes redoublèrent, des coups plus violents ébranlèrent les murs, et les Normands poussèrent de longues huées.

Mais ce qui n'était tout à l'heure que d'harmonieux soupirs s'était transformé en religieux cantiques puissamment exhalés.

Alors les Parisiens, saisis d'un pieux enthousiasme, virent lentement défiler sur les remparts une longue procession de religieux et de prêtres. En tête marchait, suivi de son clergé, l'évêque Anschéric, la mitre au front et la crosse à la main. Une châsse couverte de fleurs était portée par des jeunes filles ; au milieu du cortége flottait une blanche bannière représentant sainte Geneviève armée de sa houlette qui fit fuir Attila ; autour d'elle s'élevait un épais nuage d'encens. Arrivée à cet endroit des remparts où bientôt il n'y aurait plus que des ruines, la procession s'arrêta comme pour défier les Normands de disjoindre des pierres qui portaient les reliques de la patronne de Paris.

Anschéric bénit la ville, et, saisissant un javelot, il le lança de toutes ses forces au milieu des Normands qu'il maudit. La procession continua son chemin, en entonnant le *Veni Creator*.

Le peuple entier y répondit. L'immense cantique s'élança jusqu'aux nues porté par l'aile des vents.

Les Normands émus avaient ralenti leurs coups; mais ranimés par leurs scaldes qui venaient à leur tour d'entonner leur plus entraînant chant de guerre, ils battirent les murailles avec plus de fureur que jamais.

Alors les femmes, les enfants, les vieillards et jusqu'aux mourants, tout le monde voulut combattre. Il se passa une de ces scènes attendrissantes comme tout ce qui est grand et spontané.

Oui, les enfants s'élancèrent sur les toits, les femmes montèrent aux fenêtres, et les vieillards se battirent comme à vingt ans! et tous criaient : « Vive Paris! vive la France! vive la liberté! » et aucune arrière-pensée ne venait au cœur, tandis que les larmes de l'admiration venaient aux yeux.

Car ils ajoutaient :

« Mort à l'étranger ! »

Les murailles venaient enfin de s'écrouler, un nuage de poussière enveloppait tout; quand, après un instant, le vent l'eut dissipé, on vit les Normands engouffrant cette ouverture comme un torrent fait une écluse; les Parisiens, rangés sur un triple rang, forment une haie circulaire, dont les deux extrémités vont s'appuyer aux deux bouts de l'immense brèche. Les Normands, arrêtés par cette barrière hérissée de pointes aiguës, essayent de l'enfoncer en se ruant sur elle avec furie. Mais les premiers, sentant l'atteinte des piques, reculent. Leurs compagnons les poussent par derrière; malgré leurs efforts, ils sont jetés sur les lances, et forment des boucliers humains à cette multitude qui va bientôt rompre la faible digue qui l'arrête.

Les femmes et les enfants font pleuvoir sur les Normands des pierres et des meubles; mais à peine renversés, ils se relèvent plus furieux; déjà les Parisiens commencent à plier sous cette étreinte puissante. S'ils reculent d'un second pas, leurs rangs, n'étant plus serrés, vont donner passage aux ennemis, et il suffit que dix d'entre eux seulement arrivent de l'autre côté pour que tout soit perdu.

Eudes voit que l'instant suprême est venu où la destinée de sa patrie enfin va s'accomplir. Entouré d'Ebole, de Roger et d'Adelelme, debout sur les ruines de la brèche, il lançait des flèches aux Scandinaves presqu'à bout portant, il veut les atteindre de plus près encore. Alors, recommandant son âme à Dieu, il prend sa hache et s'élance comme un tigre dans la foule des Normands. En le voyant tomber au milieu d'eux, ils s'écartent; un vide s'ouvre dans leurs rangs pressés. Eudes fait tourbillonner son arme, et, avant que les Normands soient revenus de leur surprise à l'aspect de ce trait inouï de courage, il trace autour de lui un cercle sanglant. Bientôt un rempart de morts s'amoncelle autour du duc de France et le protége comme en un fort; il tourne triomphant et plus rapide que l'éclair dans ce rond étroit, il se multiplie, et sa formidable hache siffle entre ses mains comme un fléau. Déjà le désordre se met parmi les Scandinaves. Les Parisiens en profitent, ils resserrent leurs rangs, et reprennent leur inébranlable immobilité, tandis que de nouveaux secours leur arrivent de toutes parts. Ebole, le lion

Ebole, dont la force était si grande que les flèches qu'il lançait traversaient, dit-on, plusieurs guerriers, imite son maître; Robert, Adelelme et Roger le suivent. Les Normands, épouvantés, ne croient plus avoir affaire à des hommes, ils se retirent en désordre, et, dans leur fuite, ils rompent les lignes que Momar avait formées, et qui s'avançaient pour achever la destruction de la ville.

Ce qui rassurait les rois alliés, c'était cette pensée que ce combat faisait diversion à l'attaque si habilement dirigée par Momar sur la porte du Midi. Eudes, dès qu'il voit fuir les Scandinaves, se laisse emporter par un téméraire espoir; il s'élance à leur poursuite. Alors l'épouvante des Scandinaves n'eut plus de bornes, on les resserra entre la ville et la Seine, et on en fit un carnage affreux.

Momar, l'œil en feu, la rage au cœur, se jette comme avait fait le duc de France au milieu de la mêlée; sa voix est méconnue; il ne demande à ses dieux que de retarder d'un quart d'heure la défaite complète des siens; la porte du Midi aura cédé, et les Parisiens, attaqués des deux côtés, n'auront plus à choisir qu'entre le fer et l'eau. Le quart d'heure s'écoule, et rien ne paraît. Momar veut quitter le combat et se précipite vers cette porte maudite. Eudes l'aperçoit.

— Lâche! tu fuis? lui crie-t-il.

Momar n'entendit pas, mais il vit et devina.

Un éclair de joie terrible illumine son front, il lève au ciel ses mains sanglantes, et, se posant fièrement sur ses jarrets, il attend son ennemi.

Le comte de Paris armé de sa seule épée court sur Momar.

Le Scandinave, sans daigner parer le coup qu'Eudes lui porte, lui assène un coup terrible de sa hache d'armes.

Le front d'Eudes a plié, et son casque a roulé presque dans la Seine. Momar rugit à la fois de joie et de souffrance, car l'épée de son ennemi lui est entrée dans l'épaule! Eudes, bientôt remis, fait un bond en arrière. Momar lui lance un nouveau coup de hache, mais qui, dirigé à faux, glisse sur sa cuirasse à peine bossuée. Au même instant, le Normand sent le froid du fer pénétrer dans sa poitrine. Son œil se voile d'un nuage sanglant, et il tombe à la renverse avec un gémissement sourd. Eudes, étourdi, s'agenouille au bord du fleuve et trempe dans ses eaux son front brûlant; puis il court se jeter de nouveau au plus épais de la mêlée.

La foule des combattants roulait lentement ses flots dans un étroit espace, autour des murailles de la ville, et descendait du nord vers le midi, en diminuant à mesure de chaque monceau de morts qu'elle laissait derrière elle. C'est ainsi qu'elle arriva jusqu'à la porte du sud. Mais là les Parisiens furent forcés de reculer à leur tour. Six mille barbares assiégeaient cette porte, et c'était presque tout ce qui restait des quarante mille Normands qui, le matin, pressaient Paris comme dans un étau. Cependant la porte fut dégagée et les Scandinaves, abandonnant cette inutile attaque qui durait depuis près de deux heures [1], résolurent de se porter en masse à la brèche que leurs frères, dont ils ignoraient le complet désastre, avaient ouverte à la pointe Notre-Dame.

Eudes, impatient de savoir quelle était la légion qui avait fait une si vigoureuse résistance, franchit la porte; il regarda, et s'arrêta dans la stupeur devant un seul homme, qui, appuyé sur une hache dégouttante de sang, se tenait debout près du seuil. Eudes chercha en vain, parmi la montagne de morts

---

[1] Historique.

qui entourait cet homme, une armure française; une seule frappa ses yeux, celle qui pendait à demi-brisée autour du corps de Gerbolde [1].

— Eh! quoi! tout seul? tout seul? s'écria-t-il.

— Il l'a bien fallu, répondit Gerbolde, et puis l'entrée était si étroite...

Réflexion stoïque, sublime comme son courage!

Les six mille barbares que Gerbolde avait empêchés d'entrer dans Paris ne furent pas plus heureux à la pointe Notre-Dame, où toutes les forces de la ville s'étaient agglomérées; épouvantés du carnage de leurs compagnons qu'ils avaient crus vainqueurs, leur déroute fut bien complète.

Devraient-ils donc s'éteindre, les souvenirs glorieux de ces hommes et de ces choses que le monde admira? Qui songe maintenant à cette héroïque résistance des Parisiens? Qui songe à Lutèce, plus grande dans son malheur que Rome dans sa gloire? Qui songe à Gerbolde?

Gerbolde, héros presque oublié par l'histoire, qu'aucun poëte n'a chanté, et dont le peuple de Paris n'a jamais entendu prononcer le nom!

[1] Horatius Coclès fut-il plus grand que Gerbolde?

Oubli criminel! produit par le système des admirateurs exclusifs de l'antiquité.

Gloire au génie qui le premier découvrit à l'art et à la poésie les trésors que le christianisme leur offrait! Tous deux alors, se tenant par la main, ont quitté les champs de Lavinie, les cirques d'Athènes, les temples de Sparte, et, descendant les siècles, sont venus s'asseoir à l'ombre des forêts druidiques, au seuil des églises des Goths; et nos vertus ont semblé plus grandes que leurs vertus antiques! et nos gloires ont été plus hautes que leurs gloires!

Et, peu à peu, le crime de l'ingratitude a été expié! il s'expie tous les jours!

Ombres de nos aïeux, pardonnez-nous!

Sortant des eaux en vainqueurs, les Parisiens venaient d'engloutir des bataillons entiers de Normands. Le reste de l'armée ennemie était en fuite.

La Seine roulait avec lenteur ses flots sanglants et des débris.

Le bruit du combat s'éteignait peu à peu, et semblait se perdre dans le ciel, à mesure que le soleil disparaissait derrière les arbres de la colline; ses rayons doraient encore la cime jaune des créneaux, tandis qu'à leur ombre immense les mourants gémissaient parmi les morts.

Yolla, rayonnante de joie et d'orgueil comme aux plus beaux jours de ses triomphes, contemplait tout cela. Robert était près d'elle, et ne contemplait, lui, que sa beauté. Tout à coup, le visage de l'héroïque fille du Nord devint triste. Un profond soupir sortit de sa poitrine, et ses yeux humides de larmes, fixant le ciel avec douleur, se tournèrent vers le septentrion...

Il y avait du remords dans son âme.

Au même instant, d'un amas de cadavres sortit une voix sépulcrale; un fantôme sanglant releva la tête. Yolla poussa un cri de terreur... elle avait reconnu Momar.

Le Scandinave se redresse à demi :

— Yolla, s'écrie-t-il, parjure envers ton époux, envers ta patrie, tu ne jouiras pas de ton triomphe; viens rejoindre tes frères!

Il dit, et tend son arc. Le trait part, siffle, et perce le sein de Yolla.

Elle tombe dans les bras de Robert.

— Allez dire à Eudes, murmura-t-elle, que j'ai expié mes fautes. J'ai mérité mon sort. Mais si pour lui j'ai trahi ce qu'on doit avoir de plus cher, son pays, qu'il accède à mon dernier désir ; qu'il accorde au brave Gerbolde la main de sa sœur, et...

Un faible soupir arrêta la parole sur ses lèvres, qui s'agitèrent une minute encore...

Robert se retourna avec rage, et courut vers Momar : ce n'était plus qu'un cadavre.

Il laissa le corps de Yolla à la garde de ses archers, et se dirigea lentement vers Paris.

Pauvre Yolla ! elle avait passé comme une ombre sur la terre, et pourtant elle avait accompli toute une destinée de passion et de gloire ! Paix et bénédiction sur elle ! Il y en a tant qui, dans une longue vie, n'ont pu trouver dans leur cœur de quoi participer à la somme d'amour que la nature demande à tout ce qui est créé !

Eudes, en voyant apporter par les archers de son frère le corps de celle qui l'avait tant aimé, sentit son âme déchirée ; ses souvenirs, depuis l'instant où il la connut, passèrent un à un à travers son cœur, comme une rapide fantasmagorie ; quand le dernier, le plus sombre de ces souvenirs s'offrit à lui, l'amant de Yolla releva son front incliné, et, se soumettant à Dieu, il murmura :

— Nous étions déjà séparés par l'amour, nous voilà séparés par la mort.

Il tomba à genoux près de Yolla, et baisa ses lèvres glacées. Mais, ainsi qu'un feu que l'on croyait éteint se ranime parfois à un souffle d'air, la vie de Yolla sembla se ranimer au souffle de son amant.

— Ami, murmura-t-elle bien bas, — ne pleure point, j'étais de trop désormais dans ta destinée! L'heure est venue du dernier baiser et du dernier adieu, de la dernière prière et du dernier serment. Eudes, mon bien-aimé, fais que ma vie n'ait pas été inutile. Unis Clotilde à Gerbolde! qu'ils soient heureux!

Eudes pleurait; il ne répondit que par des sanglots.

— Merci, reprit Yolla, comme si elle lisait dans son âme, — je sais que tu le feras.

Ici, ses beaux yeux s'entr'ouvrirent, son front rayonna aux éclairs d'un terrestre souvenir et d'une céleste espérance.

— Bientôt, dit-elle, il fera nuit; c'est l'instant où je t'attendais autrefois! Adieu, mon amour, ma vie! tu ne viendras point ce soir! tu ne viendras point trouver ton lis, rose parmi les guerriers!

Adieu, nous nous reverrons dans la salle des fêtes, ou dans le paradis de ton Dieu.

Elle mourut.

Eudes se leva en chancelant, et suivit d'un regard désespéré le cadavre de son amante qu'emportaient les archers!

Clotilde, reconnue par des femmes, avait été rendue à la vie; pâle et douloureux, son charmant visage se dressa comme une douce consolation entre Eudes et le corps de sa maîtresse; il se prit à la contempler avec une profonde mélancolie, et, tandis qu'il l'attirait doucement à ses lèvres entre ses deux mains qui tremblaient dans les boucles de ses blonds cheveux, Robert rappela tout bas à son frère le dernier vœu de Yolla.

Dans ce moment le peuple portait en triomphe, sur un lit de lauriers, le brave Gerbolde, qui, l'auréole de la gloire au front, et un vague espoir au fond du cœur, était bien le véritable sauveur de Paris.

Le duc de France alla à sa rencontre et lui fit un signe. Gerbolde s'élança de son lit triomphal, et s'avança; et comme il fléchit le genou devant Eudes, celui-ci lui tendit les bras; et Gerbolde, comprenant dans sa conscience qu'il en était digne, s'y jeta aux cris de joie et aux applaudissements de tous. Nul ne put entendre ce que le gouverneur lui dit alors, mais on le vit prendre la main de Clotilde, et lever au ciel un sublime regard de reconnaissance.

Eudes, les yeux humides, saisit une bannière. Debout sur un monceau de ruines, il étendit la main comme pour demander le silence. Aussitôt tout bruit cessa. Les enfants sur les toits, les femmes aux fenêtres, l'armée échelonnée sur les créneaux et massée sur les bords de la Seine, retinrent jusqu'à leur souffle pour écouter la voix chérie de leur duc. Alors Eudes, parcourant du regard les débris du combat, les bannières conquises qui flottaient en trophées autour de lui, et tout ce peuple qui l'adorait, sentit s'affaiblir les blessures de son cœur; transporté par une exaltation guerrière, il s'écria :

— Nobles enfants de Paris, vous avez mérité l'admiration du monde ! Ah ! si dans l'avenir les Français dégénérant en courage permettaient à l'étranger d'élever seulement une insolente clameur, qu'ils fouillent les annales des siècles passés ! voyant ce qu'ont fait leurs aïeux, ils renaîtront à l'amour de la patrie ! Ils comprendront sa voix sainte, et ils diront : — « Mort à l'étranger ! »

Ce cri fut longuement répété par le peuple, puis par les échos de la Seine qui le redirent à ceux des bois, et ceux des bois, au ciel !

CHAPITRE XV

PRESSENTIMENT

Quelques mois après, quand Charles le Gros, venant enfin au secours de la chrétienté, parut sur la montagne de Mars, Henri de Saxe était vengé, et Paris n'avait plus à redouter ceux qui continuaient à l'assiéger encore. Au lieu d'écraser les barbares, l'empereur traita avec eux, et moyennant sept cent livres pesant d'argent, et le pillage des provinces qu'ils désignèrent, ils consentirent à s'éloigner. Paris ferma ses portes à l'indigne monarque, et flétrit son nom.

Pendant ce temps, Eudes, lui, debout, appuyé sur le tombeau de Yolla, tandis que Gerbolde et Clotilde priaient côte à côte, tout à leur amour et à leur bonheur, à leur reconnaissance et à leurs regrets, Eudes caressait tout bas une ambitieuse espérance. Et lorsque l'empereur, chargé des malédictions du peuple, disparut avec son armée derrière la courbe du mont de Mars; que les Normands descendaient la Seine gorgés de trésors; il passa une main sur son front comme pour y chercher une couronne, et murmura :

— Je serai roi !.....

ÉPILOGUE

Eudes, proclamé roi par l'assemblée nationale, avait anéanti les Scandinaves dans la plaine de Montfaucon, et depuis vingt-cinq années Paris et la France avaient presque oublié ces terribles enfants du Nord.

Charles le Simple régnait.

Le comte de Paris, le plus brave et le plus noble des princes qui aient vécu, lui avait rendu sa couronne; sublime exemple qu'aucun usurpateur n'a suivi depuis. Tout à coup, ce cri terrible qu'avaient retenu les échos de la Seine :

NOUS VENONS DE LA PATRIE DES HOMMES !

retentit plus éclatant qu'autrefois sous les murs de la capitale des Gaules. Rollon, qui du fond du Danemark avait pris son vol vers l'Angleterre, revenait victorieux étaler sa gloire aux yeux de ce peuple Franc surnommé l'invincible.

Les Normands n'étaient plus ces guerriers couverts de peaux d'ours et de cuirasses grossières ; tous, jeunes comme leur chefs, ils avaient puisé à la cour d'Alfred l'amour du luxe et des armes brillantes.

Un jour où, brisé de fatigue après un combat, Rollon s'était endormi sur les bords de la Tamise, il fit un songe prophétique que lui envoyèrent Odin et Frigga, ce roi et cette reine dont nous avons dit l'histoire, et que la Scandinavie avait divinisés. Il crut voir son corps couvert de lèpre ; mais bientôt une fontaine, qui lui semblait venir d'une montagne de France, l'inonda de ses eaux limpides, et il fut guéri. En même temps, des oiseaux de mille couleurs vinrent tremper le bout de leurs ailes dans le même bassin, puis ils se mirent à chanter joyeusement, et se donnèrent à lui en esclavage.

Frappé de ce songe, il assembla son conseil ; nul ne lui fournissait une réponse lumineuse, lorsqu'un prisonnier anglais, chrétien inspiré, lui dit : Que la lèpre représentait ses péchés ; la montagne, l'Eglise de Jésus-Chrit ; la fontaine, le sacrement du baptême qui régénère et purifie ; enfin les oiseaux, ces peuples divers dont il enviait la conquête, et qui se donneraient à lui avec bonheur s'il se convertissait à la vraie foi.

Dès ce moment, dit-on, le chef scandinave songea à se faire baptiser ; dans l'espérance de conquérir un jour ce beau pays des Gaules, il rendit la liberté aux prisonniers d'Alfred. Ce roi, jaloux de s'attacher les dangereux aventuriers, les invita à sa cour, la plus brillante de ce temps.

C'est ainsi que les Normands dépouillèrent leurs armes sauvages, pour des cottes de mailles étincelantes. *Rollon*, dit la chronique, *passa là de beaux jours, dans les plaisirs du bal et de la comédie*.

L'Annibal du Nord ne se laissa pas enivrer par cette nouvelle Capoue, au ciel brumeux d'Albion. « Et, dit un vieil historien, le printemps n'eut pas plutôt fondu les glaces, et déridé l'Océan, que Rollon abandonna l'air de la cour pour respirer celui des eaux.

Un vent à désir portait déjà sa flotte vers la Neustrie, quand les malins esprits, qui désiraient plutôt voir noyer ces infidèles dans les eaux de la mer, que leurs péchés dans les eaux du baptême, mutinèrent les vents, remplirent l'air de foudres et l'Océan de tempêtes; mais Dieu, à la simple prière de Rollon, qui dans l'Angleterre avait reçu quelque lumière de la foi chrétienne, Dieu aplanit les ondes, et permit que toute la flotte parvînt au rivage du Rhin. »

Nous ne dirons pas les combats que Rollon et ses guerriers livrèrent à Raimbaud, duc de Frise, à Reigner au long col, et au comte de Haino, accourus au secours de Spire, de Worms et de Magonse; nous ne parlerons point du dévouement de la comtesse de Haino, qui, *le cœur serré* de la captivité de son époux, vendit pour le racheter jusqu'aux derniers de ses joyaux, et en porta le prix à Rollon, qui, touché de sa douleur et de sa beauté, lui rendit son époux.

Revenons au bord de la Seine, à Paris, cet Élysée entrevu par Rollon au fond d'un songe.

Les Normands, en se sentant bercés par les flots d'une rivière de France, furent émus d'orgueil plutôt que de haine. Comme les Scandinaves de la première génération, leur marche fut signalée par des victoires où périrent Renaud d'Orléans, et l'intrépide Roland, petit-fils sans doute de ce Roland qui, sous Charles le Grand, pourfendait les montagnes. Mais devant la ville imprenable, devant Paris, ce palladium de la liberté, vint échouer l'impétuosité de *ces païens ennemis de Dieu.*

Ainsi que toujours, les Normands se heurtèrent impuissants contre une héroïque défense. Rollon tourna comme un lion furieux autour des remparts. Un soir il tomba lui-même découragé au seuil de sa tente.

La petite ville de Bayeux, défendue par le comte Bérenger, avait soutenu un siége désespéré contre Bothon, le plus habile lieutenant de Rollon. Bothon, lui-même, fait prisonnier, n'avait pu racheter sa rançon qu'au prix d'une trêve d'un an; l'année venait de finir; Rollon, ivre de vengeance, marcha en personne contre cette bourgade assez audacieuse pour vaincre ses soldats.

Cette fois, Bayeux ne put résister au choc des barbares; Rollon, emporté par sa fougue, livra la ville à ses soldats, et tua de sa main le valeureux Bérenger. On dit que le soir il fut triste de son triomphe... Parmi les prisonniers, se trouvait la fille du comte Bérenger. Poppe était la plus belle fille des Gaules, et la plus fière. Son caractère, plus encore que ses charmes, séduisit le farouche Normand, qui mit à ses pieds son amour et sa vie. Combien de temps Poppe resta-t-elle fidèle au souvenir de son père? Quelle séduction employa Rollon pour la contraindre à s'abandonner à lui? On l'ignore...

Rollon revint devant Paris ; mais repoussé de nouveau, il remonta sur ses vaisseaux, et, la rage dans le cœur, fit voile pour l'Angleterre, où l'appelait Alfred. La guerre civile dévorait les États de ce prince. C'est alors que Rollon, à qui Alfred offrit la moitié de son royaume le refusa par ces mots : « Deux soleils ne peuvent exister dans les cieux ! »

Les rebelles furent vaincus; Alfred, ne pouvant décider son allié à partager sa puissance, lui offrit la moitié de ses somptueux présents. Rollon fut touché de tant de reconnaissance, et le remerciant d'une voix émue : « Non, lui dit-il, je me trouve assez opulent des promesses que j'ai reçues en songe. »

Il quitta l'Angleterre, le cœur plus envahi que jamais du désir de conquérir la France. Il saccagea la Bretagne, la Touraine et l'Anjou, mais pour la troisième fois se heurta vainement et bossela ses armes contre les remparts de Paris.

Cependant le peuple épouvanté demandait la paix;

les États du royaume envoyèrent supplier Charles de traiter avec les Normands. Charles était sans armée, Charles surtout était sans cœur. Malgré le duc de Bourgogne, Richard, et le comte de Poitou, il offrit à Rollon la Neustrie, et la main de sa fille Giselle. Le conquérant, heureux de sauver sa gloire qui commençait à pâlir devant l'astre de Paris, ne demanda en outre que la Bretagne, et se déclara satisfait.

Ainsi les rois, les peuples furent délivrés.

Au milieu d'un hosanna d'allégresse qui, d'un bout de la France à l'autre, retentit jusqu'au trône de Dieu, s'éleva comme un soupir douloureux la plainte d'une âme désolée. L'ange qui la porta aux pieds du Seigneur dut replier ses ailes, pour passer à travers la multitude de ses frères qui tous apportaient des chants de reconnaissance. Il redescendit bientôt des voûtes éthérées et déposa comme en un vase, au fond du cœur de Giselle, cette vertu céleste que les hommes ont nommée la résignation.

Giselle, depuis ce moment, ne pleura plus ; elle oublia les rêves de sa naïve enfance, l'espoir déçu de son adolescence, qui, éclose dans un sourire, se fanait au souffle d'un baiser normand. Elle marcha à l'autel, dès que l'archevêque Franco eut fait couler l'eau du baptême sur le front désarmé de Rollon, qui, le soir même, s'appela Robert.

L'âme douce et maladive de Giselle, que l'âme impétueuse et forte de Robert épouvantait, se replia comme une sensitive, et languit abandonnée jusqu'au jour de la suprême délivrance.

Robert ne put rendre heureuse cette sainte victime de la peur et de l'ambition ; pauvre âme privée d'amour, elle s'éteignit comme une fleur privée de lumière, dans la sombre solitude des forêts de la Neustrie.

Robert épousa, selon le rit de sa nouvelle religion, sa première femme, la lionne de Bayeux. Poppe lui donna un fils qui lui succéda, et qui fut connu dans l'histoire sous le nom de Guillaume Longue-Épée.

Ainsi la Neustrie, qu'on appela depuis Normandie, devint un État séparé, qui ne relevait de la couronne qu'à titre d'un vain hommage.

FIN DU SIÉGE DE PARIS.

NOTES

(1) Odin.

Rien de plus obscur que la tradition relative au personnage d'Odin.

Torvesen en admet deux : l'un fils de Bor, l'autre fils de Fridleif, allié de Mithridate. Shum en admet quatre, mais se trouve d'accord avec Torvesen pour l'histoire du fils de Fridleif. Il quitta son pays pour s'allier à Mithridate ; après la mort de ce prince, il s'aventura dans le Nord, et arriva en Danemark, où il s'établit sur les bords du lac Malaren. Dans la Saga des rois, Odin occupe le premier rang, ainsi que dans celle des dieux dont il est le plus grand. Les uns disent qu'Odin, pour échapper à la dépoétisante vieillesse, se tua jeune encore ; les autres, qu'il était d'un âge très avancé, lorsque sur son lit de souffrance il se fit percer d'un trait.

Divinisé pendant sa vie, on l'adora après sa mort comme le père suprême de tous les dieux.

En étudiant bien l'Edda, on ne peut s'empêcher de comparer la mythologie scandinave à la mythologie grecque ; des rapprochements ingénieux, saisissants même, s'offrent à l'imagination, et la pensée, scrutant les mystères, s'est avancée, ou égarée, jusqu'à leur trouver non-seulement un berceau commun, mais une mère commune; d'analogies en analogies, elle est remontée depuis l'Odin des Scandinaves jusqu'au Bouddha des Indiens. Cette idée a inspiré à M. Ozanam une grande et poétique image : « Ainsi, » dit-il, « dans la nuit des temps, on croirait suivre les traces d'une divinité voyageuse, qui serait sortie des pagodes magnifiques, baignées par le Gange, pour aller à l'autre extrémité du monde s'asseoir sous les sapins silencieux, au bord de l'Elbe et du Weser. »

(2) Ces femmes singulières.

Les Scandinaves les nommaient Spakonur (femmes de vision). Plus tard, elles substituèrent aux inspirations poétiques les opérations de la magie, à laquelle tous les peuples du Nord rendaient hommage. Leur prisme diminua d'élévation, mais leur autorité fut la même. De prêtresses, elles devinrent sorcières, et les Aliorumnes, qu'honoraient les Goths avant que Félimer les chassât de son armée, ainsi que les prophétesses des hordes cimbriques, virent bientôt s'abaisser jusqu'à elles ces nobles descendantes de Frigga, rivales des nornas mythologiques. Les noms d'Aurinia, de Velleda, de Gaune, prêtresses débauchées, qui dans les forêts de la Propontide devinrent mères des Huns, ont une célébrité ni plus ni moins honorable que ceux de Thordise, de Thurida en Islande, et de Thorbiorg, la petite Vala, dont parle Bergman. Les runas sont pleines d'histoires merveilleuses, dont seraient jalouses les légendes du moyen âge ; elles sont moins naïves, plus philosophiques, et (qu'on me passe le mot), plus grandiosement folles.

(3) **Runas.**

On ignore si les runas, ou lettres scandinaves, ont été inventées dans la Scandinavie, ou apportées par Odin du pays des Asas. Runa se dit des pièces de poésie, aussi bien que des lettres. Pierre Victor, dans ses antiquités scandinaves, dit que le manuscrit le plus ancien qui reste en caractères runiques est la Bible traduite en gothique par Ulphilas, évêque des Goths. Il vivait au quatrième siècle, sous le règne de l'empereur Valens. Une des plus gracieuses, des plus poétiques runas, est celle de la vierge dans le Kalewala. Voyez-en la belle traduction par M. Leouzon Leduc.

(4) Le monde des hommes.

L'Edda place la demeure des hommes entre la demeure des Asas et celle des Fotuns, ou géants ; les trois fils de Bor, dit Snorro, Odin, Vili et Vé, bâtirent une ville au-dessus du séjour des géants, afin de pouvoir résister à leurs attaques, et ils la nommèrent Midgard.

(5) Scaldes.

Voyez la préface.

(6) Valkyrie.

Les Valkyries étaient des beautés célestes, ressemblant fort aux houris du Koran, mais éloignées d'elles de toute la distance des mœurs du pôle à celles du tropique. Les Valkyries, vêtues de blanc, symbole virginal, souriaient à la gloire plutôt qu'à l'amour, versaient l'hydromel aux héros du Valhalla dans les crânes sanglants de leurs ennemis vaincus, pansaient leurs blessures, et couronnaient leur front.

(7) **Valhalla ou Valhall.**

Le Valhall ou Valhalla était le séjour des bienheureux (voyez la préface). Pour jouir de ses splendeurs, il fallait d'abord être noble et riche, et puis être mort glorieusement en digne fils de Viking. Un pauvre pouvait, au prix de beaucoup de gloire, acheter l'entrée du Valhall; un lâche, fût-il roi, en était exclu. Les esclaves avaient une place chez Thor, le dieu du tonnerre.

(8) **Sa dernière flèche.**

Tout ce récit est vrai. Les noms de ces douze héros, qui devraient être gravés en lettres d'or quelque part dans Paris, sont parvenus jusqu'à nous.
Les voici :
ERMENFROY, ARNOLD, SOLIE, ERILAND, GOZBERT, ÉRIVÉE, VIDON, ODOACER, ARRADE, ERVIC, EMAR, GOSVIN.
Les gouvernements qui ont passé sur la France se

sont souvenus de leurs héros, Paris a oublié ses martyrs !

(9) Braga ou Brage.

Chanteur céleste, dieu de la sagesse, de l'éloquence et de la poésie.

(10) Niflheim.

Enfer des Scandinaves, réceptacle affreux où gémissaient dans d'éternelles tortures les ombres des criminels, des lâches, et de ceux qui mouraient sans gloire. Le Niflheim était composé de neuf mondes. Dans le premier régnait Héla, ou la mort. Dans sa couche étaient la famine et la lenteur. La moitié de son corps était bleue, l'autre brillait des couleurs de la vie.

(11) Viking.

Les étymologistes ne s'accordent point sur l'origine de ce nom, donné aux plus intrépides aventuriers du Nord. Les uns le font provenir de *Wig* (guerre, combat), ou de *Vigr* (forteresse), d'autre de *Vik* (baie), et de *King* (roi). On doit penser que c'est l'opinion la plus plausible, quand on sait quel orgueil ces audacieux pirates mettaient à s'appeler eux-mêmes les rois de la mer. (Voyez la préface.)

(12) Bjorn.

Déesse de la mer.

(13) Hugin.

Hugin et Munin, dit Frixel, sont deux corbeaux qui volent par toute la terre, et rapportent à Odin ce qu'ils ont vu et entendu. Hugin est la prévoyance ; Munin est le souvenir.

(14) Sagas.

Les sagas sont les récits historiques des peuples du Nord, et forment avec les runas la littérature scandinave. Les plus anciennes sagas viennent de l'Islande. Les bardes les plus illustres furent des Islandais. Les scaldes chantaient à la table des rois les vers de ces poëtes à la fois naïfs et sublimes. Eux-mêmes parcouraient les cours des souverains, et y faisaient d'assez longs séjours, pour que le souvenir de leurs sagas pût se graver à jamais dans la mémoire des hommes. Le plus célèbre écrivain de sagas est Snorro, qui vivait au douzième siècle. Digne héritier des bardes et des scaldes de sa patrie, il chanta et mourut pour la liberté.

(15) Drapa.

Éloges funèbres, que les scaldes improvisaient sur le tertre du Viking. Aujourd'hui encore les Suédois renouvellent cette antique tradition. Une drapa fut chantée aux funérailles du roi Bernadotte.

(16) Les pierres du souvenir.

C'étaient des blocs de granit, élevés sur les tertres funèbres.

(17) Gialahorn.

Trompette d'Heimdall, le gardien du ciel.

(18) Asas.

Peuple scythe, soumis à Odin. Asgar, capitale de leur empire, vers la mer Caspienne, était devenue l'Élysée des Scandinaves; les Asas, compagnons d'Odin, divinisés avec lui, formaient la cour céleste; c'étaient les hôtes les plus révérés et les plus anciens du Valhall.

(19) Bifrost.

L'arc-en-ciel, ou pont du ciel. La garde en était confiée à Heimdall, génie de lumière aux dents d'or pur, aux yeux perçants, au sommeil léger, à l'ouïe si fine qu'il entendait croître l'herbe des prés, et la laine des agneaux.

(20) Valfader.

Surnom d'Odin.

(21) Navadis.

Surnom de Frey, déesse de l'amour.

(22) Nornas.

Déesse du destin.

(23) Gunloda.

Gardienne du breuvage qui inspirait l'art des vers. Odin la séduisit, s'enivra à ses pieds de la boisson divine, et se transforma tout à coup en un aigle audacieux.

(24) Gygur.

Bergère céleste, qui, assise sur une colline, réveille les hôtes du Valhall aux sons de la harpe.

Une note de M. de Marchangy, dans la *Gaule poétique*, trouve naturellement place ici. Nous ne pouvons résister au désir de la transcrire.

« Cette belle mythologie a un ensemble régulier ; les révolutions du monde intellectuel et matériel se succèdent comme les épisodes d'un grand poëme qui commence à

la naissance du monde, et se termine à sa destruction. Ce serait une grande erreur, que de ne voir dans cette religion que les rêves insouciants et inexplicables d'une imagination sauvage. La lutte continuelle des dieux de la lumière contre les dieux des ténèbres explique, d'une manière sublime, le contraste du bien et du mal qui se fait remarquer trop souvent dans la nature. Sous ce rapport, un tel mystère offre plus de ressources au poëte que la mythologie des Grecs et des Romains. Car, après la révolte des géants qui ne forme qu'une action instantanée, Jupiter règne paisiblement dans l'Olympe, n'a plus à craindre que la mauvaise humeur de Junon, ou les cajoleries de Vénus. Mais en admettant, comme les Scandinaves, un bon et un mauvais principe, agissant toujours l'un contre l'autre, le poëte trouve sans cesse dans un état de guerre et de rivalité les puissances surnaturelles. . . . .
. . . .
. . . .
. . . .

« Les autres conceptions de l'Odinisme ne sont pas moins élevées ; on y voit la nature aveugle, organisée par l'intelligence ; le trouble introduit par l'avarice ; l'harmonie du céleste séjour détruite par la mort du dieu de la paix ; le désordre moral amenant la fin des siècles ; les dieux bienfaiteurs victimes d'un destin inflexible qu'ils connaissent, et que cependant ils bravent; la mort, assise sur l'univers en deuil; le plus grand des dieux, renaissant des cendres de cet univers incendié par les mauvais génies, et posant, sur des bases éternelles, un meilleur ordre de choses. »

FIN DES NOTES.

TABLE DES MATIÈRES

	Pages
Préface.	3
Chapitre I. La Prêtresse.	23
II. Les Parisiens.	35
III. Clotilde.	51
IV. Les Normands.	68
V. Yolla.	80
VI. Épisode.	92
VII. Souvenirs.	169
VIII. Les Prophéties.	180
IX. Le Baptême.	190
X. La Seine.	203
XI. Gerbolde.	213
XII. Henri de Saxe.	232
XIII. Déceptions.	240
XIV. L'assaut.	256
XV. Pressentiment.	279
Épilogue.	281
Notes.	289

FIN DE LA TABLE.

Paris. — Imprimerie de GUSTAVE GRATIOT, rue de la Monnaie, 11.

En vente à la même Librairie :

ARLES EN FRANCE

NOUVELLES
PAR JULES CANONGE

1 beau vol. in-18, format anglais. — Prix : 3 fr.

Ce volume contient : un coup-d'œil général sur Arles, son histoire et sa population; *Phylax*, ou Arles sous les Romains; *la Chèvre d'Or*, ou Arles sous les Sarrazins; *Jeanne Dalcyn*, ou Arles au moyen âge; *Izane*, ou Arles contemporain. Ce livre, sous la forme de la nouvelle archéologique ou de la légende, est un tableau de la vie d'une importante et poétique cité aux principales époques de son histoire.

ASSEMBLÉE NATIONALE LÉGISLATIVE

LES TRIBUNS

ETUDES PARLEMENTAIRES MORALES ET PITTORESQUES
PAR TRIMALCION

Ornés de magnifiques portraits en pied, dessinés d'après nature et gravés sur acier par MM. PAUQUET, DEVRITS et GOUJON.

1 beau vol. grand in-8 jésus. — Prix : 5 fr.

DE FALLOUX. — LEDRU-ROLLIN. — DE LAROCHEJAQUELEIN — CH. LAGRANGE. — VICTOR HUGO. — FÉLIX PYAT. — PIERRE LEROUX. — DE MONTALEMBERT. — GÉNÉRAL CAVAIGNAC.

Cette publication, nous l'espérons, est prédestinée à un grand succès de popularité par l'originalité de la forme et par le fond du sujet même. Ce n'est point une *biographie*, mais plutôt une galerie de *portraits* aussi ressemblants que possible. Nous pouvons ajouter, quant au style et à l'intérêt d'actualité de cet ouvrage, qu'il est appelé à figurer dans toutes les bibliothèques à côté du *livre des Orateurs* de Timon.

Paris. — Imprimerie de G. GRATIOT, 11, rue de la Monnaie.

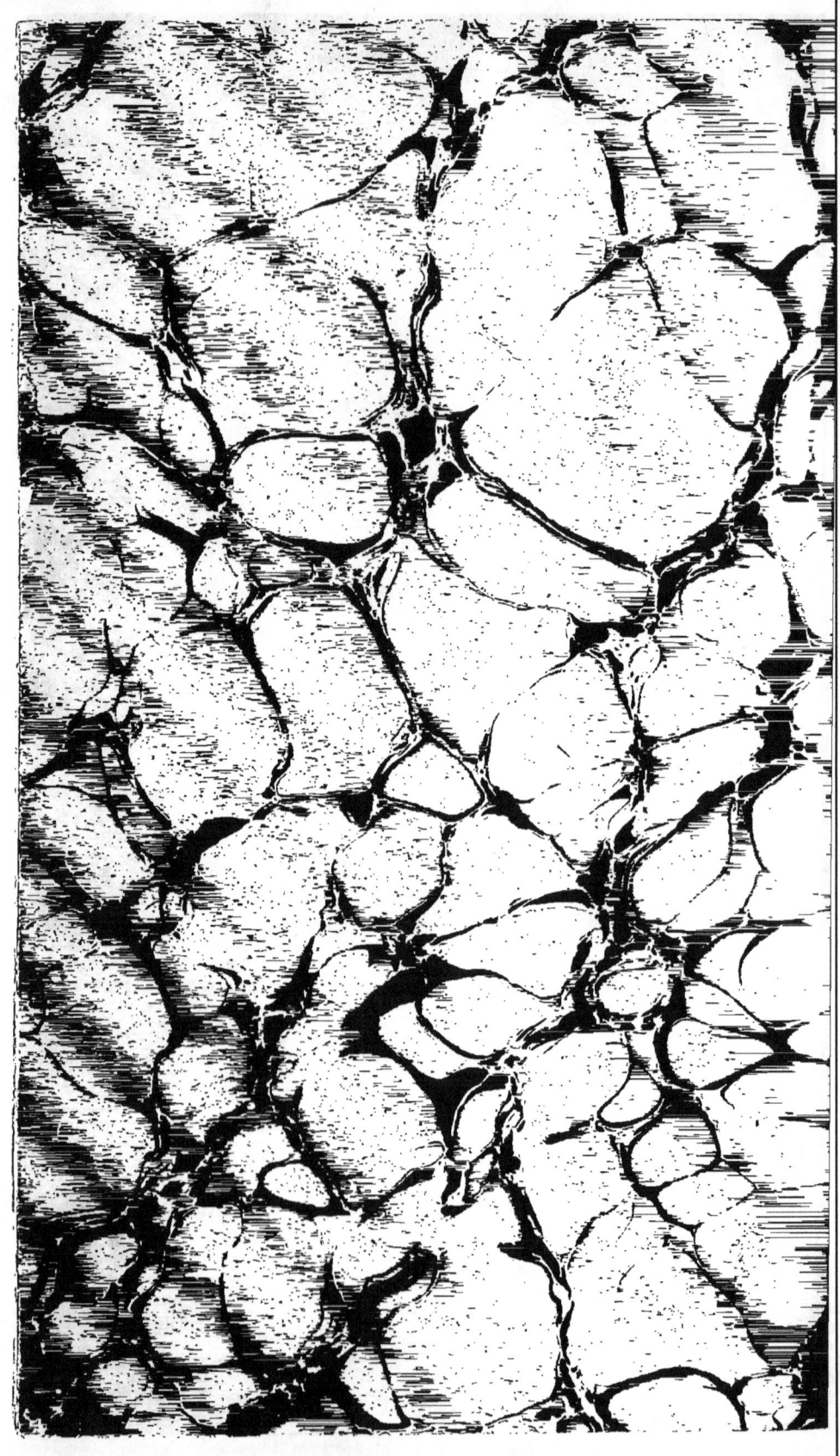

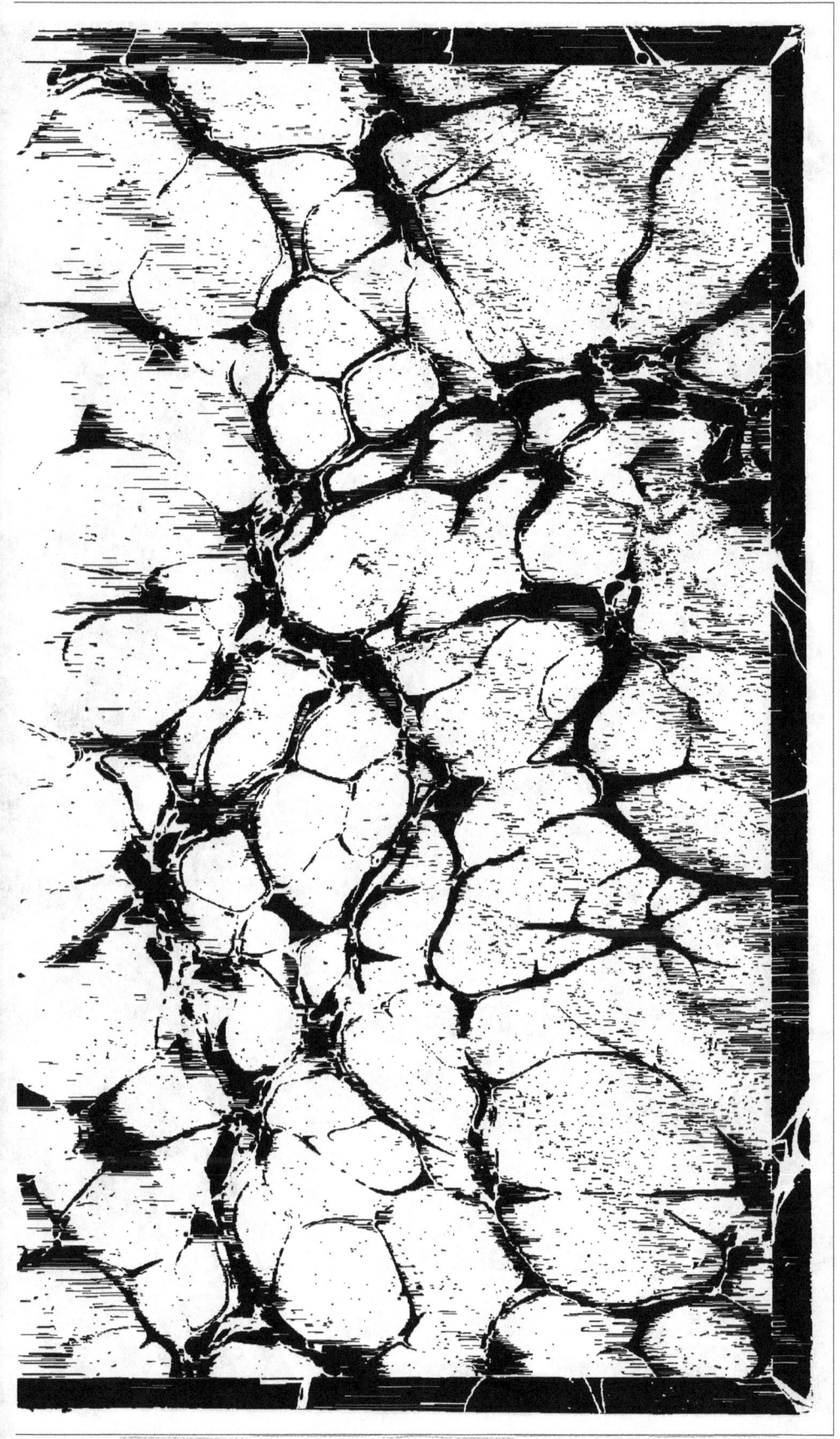

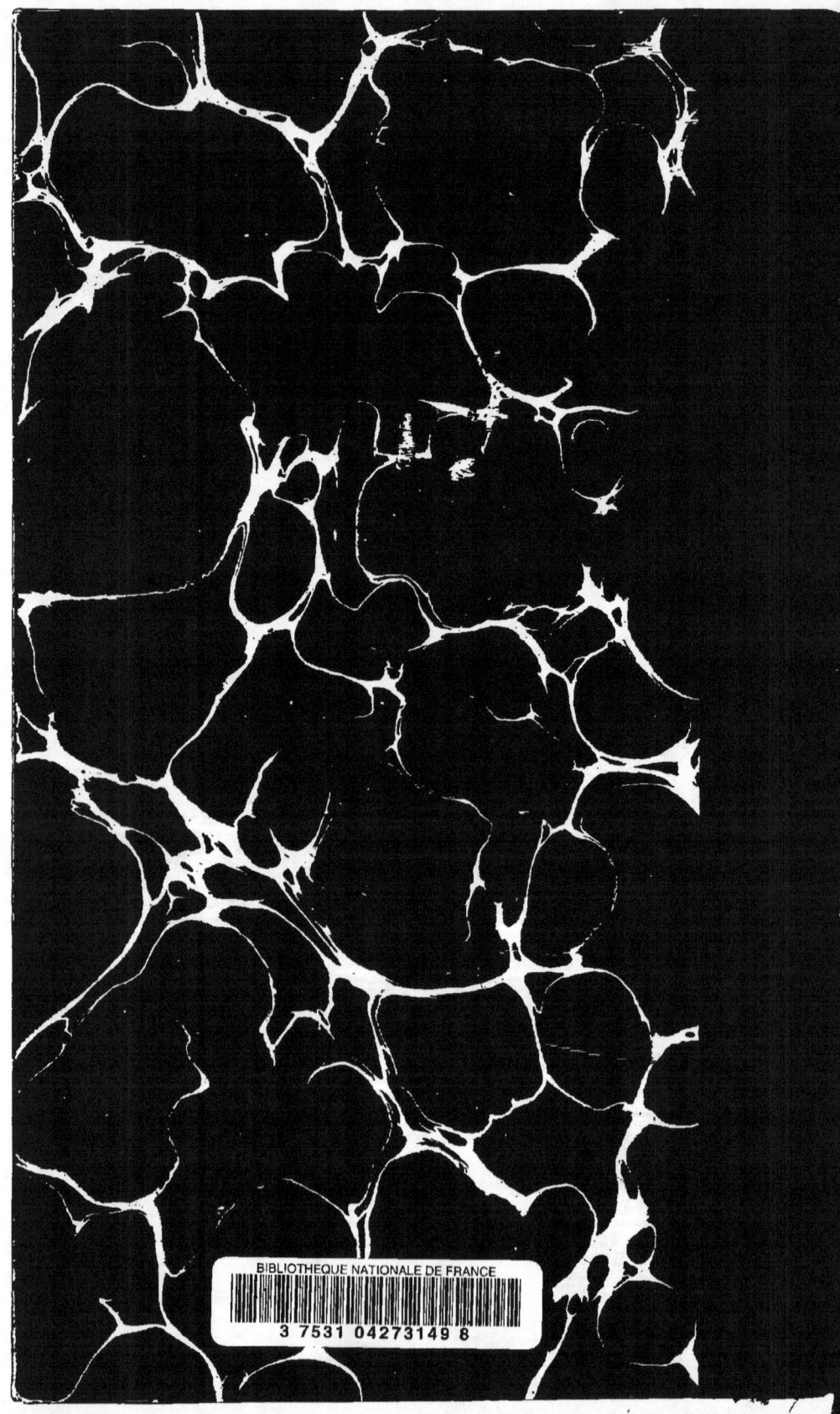

www.ingramcontent.com/pod-product-compliance
Lightning Source LLC
Chambersburg PA
CBHW071334150426
43191CB00007B/726